Sady Bordin Filho

Marketing personal

SADY BORDIN FILHO

MARKETING PERSONAL

100 claves para valorar su imagen

Título original: *Marketing pessoal. 100 dicas para valorizar sua imagem*, Distribuidora Record de Serviços de Imprensa, S.A.

Marketing personal. 100 claves para valorar su imagen
© Sady Bordin Filho, 2002

Quarzo

D.R. © Editorial Lectorum, S.A. de C.V., 2002
Antiguo Camino a San Lorenzo 220
C.P. 09830, México, D.F.
Tel.: 56 12 05 46
www.lectorum.com.mx
ventas@lectorum.com.mx

>L.D. Books
>8233 NW 68 Street
>Miami, Florida, 33166
>Tel. 406 22 92 / 93
>ldbooks@bellsouth.net
>www.ldbook.com

Primera edición: octubre de 2002
ISBN: 968-5270-97-X

D.R. © Traducción: Virginia Hernández
D.R. © Ilustraciones y portada: Pablo García

Traducción, ilustraciones y características tipográficas aseguradas conforme a la ley. Prohibida la reproducción parcial o total sin autorización escrita del editor.

Impreso y encuadernado en México.
Printed and bound in Mexico.

*Hay una persona en particular que fue fundamental para mi éxito en la aviación comercial y a quien me gustaría dedicar esta obra: el comandante Eric.
Mi primer instructor en InterBrasil, poseedor de una simpatía envidiable y de un buen humor sin par, El comandante Eric consiguió —con mucha calma y dedicación— transformarme en poco tiempo de piloto novato, recién salido de un club de aviación, en todo un piloto profesional.
¡Muchas gracias, comandante Eric! Fue un privilegio tenerlo como instructor.*

ÍNDICE

Prefacio..11
Introducción...13
Capítulo I
    Invierta en su salud...................................15
Capítulo II
    Invierta en su imagen................................25
Capítulo III
    Invierta en su currículum vitae...................37
Capítulo IV
    Valore su persona......................................49
Capítulo V
    Valore su "marca".......................................91
Capítulo VI
    Divulgue su "marca"................................105
Capítulo VII
    Valore sus aptitudes................................127
Capítulo VIII
    Planeando el éxito..................................149
Capítulo IX
    Administrando el éxito............................165
Capítulo X
    Actitudes que usted debe evitar...................181
Conclusión..191

PREFACIO

El tamaño de nuestro éxito está directamente relacionado con nuestra imagen personal. Independientemente de nuestra edad, cargo ocupado o función desempeñada, el *marketing personal* es la herramienta indispensable para concretar nuestro proyecto de vida.

Todos tenemos algún talento, y lo mejor de todo es que podemos desarrollarlo. Como ejemplo, hace 15 años tuve el privilegio de darle clases a Sady y confieso que ya en la primera clase tuvimos una acalorada discusión sobre *marketing*. Nuestras opiniones eran extremadamente divergentes, sin embargo, a partir de ese día, aprendí a respetarlo y a admirar su brillante personalidad.

Sady Bordin Filho supo, como pocos, valorar con sabiduría su imagen personal; tanto que pasó rápidamente de alumno a profesor de *marketing*, llegando a ejercer la función de vicepresidente del IBMV –Instituto Brasileño de *Marketing* y Ventas.

Hoy es un gran amigo.

Daniel Godri, Presidente del IBMV. Autor de los libros *Conquistar y mantener clientes*, *Soy alguien muy especial* y *Marketing de acción*.

Introducción

Este libro no tiene la pretensión de volverse una guía de autoayuda. En realidad, busca —a partir de acciones de diversa índole, pero sobre todo de *marketing*— ayudar a estudiantes, profesionales independientes y empresarios a trabajar su propia imagen y divulgar su "marca". Con seguridad este libro contribuirá sustancialmente para su valoración personal y profesional y sustentará el camino para el éxito de quienes sigan las claves.

El mercado, en todas las áreas del conocimiento humano, es cada vez más competitivo. Es muy difícil identificar un campo en el que no haya un gran número de profesionistas actuando. ¡Y buenos profesionistas! Ya no podemos darnos el lujo de sólo ser muy buenos en un área. Debemos transmitir esa impresión a las personas que componen el mercado. Por eso resulta indispensable cuidar nuestra imagen pues, tarde o temprano, esas mismas personas pueden ser muy útiles para nuestros proyectos de crecimiento profesional al contratar nuestros servicios o incluso al recomendarnos clientes o empresas que necesiten de éstos.

Marketing personal. 100 claves para valorar su imagen está dividido en 10 capítulos. Cada uno de ellos presenta una serie de consejos que deben ser utilizados según las necesidades y posibilidades de cada persona.

Aquí el lector es tratado como un producto (¡sin ofender!) que se ofrece en el mercado. Cuanto más valorado esté el producto, más pagarán por él empresas y personas. De esta forma, no se deben escatimar los esfuerzos para valorarlo y aumentar exponencialmente las oportunidades de que este producto (usted) se convierta en un éxito entre el público y la crítica.

Muchas de las claves sugeridas parecen obvias, sin embargo, no es raro que olvidemos ponerlas en práctica. No basta con estar conscientes de que necesitamos actuar de determinada forma. Es preciso, de hecho, proceder correctamente de manera que infiltremos la imagen pretendida al mercado. Como reza el dicho: "No basta con ser honesto; es necesario parecerlo".

Capítulo I
Invierta en su salud

La salud física, mental y emocional es su mejor patrimonio. Ningún bien material se compara con la riqueza de un ser humano saludable. Preservar ese patrimonio es responsabilidad exclusivamente suya. No cuente con los otros para cuidar de su salud pues solamente usted puede decidir si quiere cuidarse.

La salud es la base necesaria para cualquier proyecto que esté por emprender, sea académico, deportivo, profesional o incluso amoroso. Estar sano física, mental y emocionalmente es indispensable para superar los obstáculos naturales de su larga caminata rumbo al éxito en todas las áreas de su vida.

Así sea una extensa y cansada preparación para un examen profesional, una riesgosa tentativa de subir el Everest, una jornada llena de trabajo, el arranque de una nueva empresa, un viaje de negocios o una conquista amorosa, cualquier proyecto dependerá de una salud envidiable. Sólo así usted podrá soportar el peso durante el extenso trayecto hacia la consagración.

Tener buena salud significa tener mejor disposición para enfrentar viajes largos, cansadas salas de espera y compromisos aburridos, una mayor capacidad de argumentación y, no menos importante, una gran ventaja adicional: más resistencia a las enfermedades. La última cosa que quiere un estudiante en la víspera de un examen, un nadador a unas cuantas horas de la competencia y un ejecutivo en viaje de negocios es una gripe que los tire en cama.

1
ALIMÉNTESE MUY BIEN

Usted no necesita gastar mucho ni frecuentar restaurantes caros para comer bien. Llevar una vida agitada tampoco resulta una excusa para no alimentarse correctamente. Haga tres comidas al día. Coma despacio. Procure variar su alimentación. No abuse de frituras o carnes rojas. Abuse, eso sí, de frutas, verduras y legumbres. Beba alcohol solamente con moderación.

No existe profesión o actividad que no le permita comer bien. Algunos pilotos acostumbran hacerme bromas sobre las frutas que siempre llevo cuando vuelo. Yo nunca paso horas sin comer nada. Una manzana o un plátano no ocupa mucho espacio y no exige cubiertos para poderse comer. Basta cargarlos donde usted vaya.

Además de llevar una vida más saludable está probado que, con una alimentación balanceada, usted tendrá más resistencia a las enfermedades, mejor disposición, y aumentará su expectativa de vida.

2
PRACTIQUE EJERCICIOS FÍSICOS REGULARMENTE

Usted no necesita esperar las Olimpiadas para practicar ejercicio físico regularmente. La lucha diaria por una posición destacada en nuestra sociedad de consumo es en sí una gran competencia. Miles de otros "atletas" están disputando la

misma prueba para alcanzar los escalones más altos en el mercado.

Además del beneficio que constituye disminuir las posibilidades de tener problemas cardiacos, la actividad física regular le confiere mucha más disposición para enfrentar el ritmo frenético de la labor diaria. A pesar del teléfono celular y el *e-mail*, parece que las tradicionales 24 horas al día son insuficientes para tantas prisas.

Y no me venga con la vieja excusa de "no tengo tiempo". Mucha gente muy ocupada, como el señor Raul Rosenthal en la época en la que era presidente de American Express de Brasil lograba acomodar diez horas por semana para hacer ejercicio físico. El señor Abílio Diniz, presidente del grupo Pão de Açúcar,* dedicaba ocho preciosas horas a la semana para la misma finalidad. Si usted hace un esfuerzo verá que consigue acomodar por lo menos tres horas de ejercicio semanales en su agenda.

---

*Una cadena de supermercados equivalente a Superama en México.

3
DUERMA LO NECESARIO

No menosprecie importantes y necesarias horas de sueño. Más vale un buen sueño que ciertas actividades que pueden realizarse a otra hora.

Ninguna carrera profesional justifica menos horas de sueño. Durmiendo menos de lo necesario usted compromete su salud a largo plazo. Tendrá un aspecto cansado; será proclive a sufrir accidentes y a tomar decisiones de dudosa eficacia. Cada persona tiene una necesidad de sueño específica. De cualquier forma, nunca duerma menos de seis horas por noche. Un buen promedio son ocho.

Para facilitar el sueño, procure acostarse y levantarse en el mismo horario. Evite también las comidas pesadas antes de acostarse.

4
SEA SU PROPIA MADRE

Usted ya está lo suficientemente grandecito como para saber lo que es bueno para su salud y lo que no. Por eso, trate de usar el sentido común y evite ciertos abusos, como beber líquidos demasiado fríos, entrar con poca ropa a lugares con aire acondicionado, salir en la noche sin abrigo, mojarse en la lluvia, quedarse sin comer durante horas y comer sólo en restaurantes de comida rápida.

Contagiarse de gripe, quedarse sin voz o terminar rojo como un camarón después de un fin de semana en la playa, y otros pequeños sinsabores, pueden entorpecer su trabajo o el desarrollo de un proyecto. Evítelos.

Y la famosa cara de desvelado. ¿Ya vio a aquel sujeto que llegó a las cinco de la mañana después de una noche de juerga? Su rostro no le dejará ocultar su pasión por la vida bohemia. Por eso, cuidado con la elección de las noches para ahogar las heridas o festejar las conquistas. Recuerde que tal vez usted tenga que trabajar al día siguiente.

No tenemos nada en contra de los bohemios. Sin embargo, si usted tiene que trabajar a las ocho de la mañana es bueno que esté ahí a las ocho en punto y bien dispuesto.

Imagine que su madre está ahí, siempre a su lado, vigilándolo.

Cuestionario del capítulo I
Invierta en su salud

- ¿Me estoy alimentando bien?
- ¿Estoy practicando ejercicio regularmente?
- ¿Estoy durmiendo bien y lo necesario?
- ¿No estoy cometiendo abusos?

Capítulo II
Invierta en su imagen

¿Usted ya vio en los supermercados cómo las empresas se esmeran en el empaque de sus productos? ¿Ya percibió que la envoltura de joyas y plumas de marca son casi tan bonitas como el producto que contienen? El primer análisis que hacemos de un producto nuevo o de una persona desconocida es a partir de su apariencia. Independientemente de si el contenido es bueno o no, ya estamos emitiendo un juicio. Y ese juicio, por más precipitado que sea, puede ser la diferencia entre una oportunidad que se abre o que se cierra.

Por ese motivo debemos cuidar nuestra imagen. Ésta será responsable de la primera impresión de nuestro interlocutor y creará una predisposición favorable o no a todo lo que intentemos obtener en nuestros contactos personales.

No es raro que las empresas seleccionen candidatos por el currículum y después los eliminen en la entrevista inicial por causa de su apariencia. Como veremos en la clave núm. 66, usted no tendrá otra oportunidad para causar una buena primera impresión.

Las grandes empresas llegan al punto de colocar en su manual la manera en la que sus funcionarios deben vestir. Repare, la próxima vez que vaya a comer al McDonald's, en el aspecto de los jóvenes que atienden al público. Intente encontrar siquiera un funcionario con una imagen descuidada.

Valorar su imagen es crear una predisposición favorable para que usted pueda vender su contenido.

5
MANTENGA SU CABELLO Y SUS UÑAS SIEMPRE CORTOS

Cada dos semanas vaya al peluquero para mantener su cabello siempre corto y cuidado. El cabello largo se ve bien en las mujeres y en los cantantes de rock. E, incluso así, sólo si está bien arreglado. Si corta su cabello con frecuencia usted tendrá siempre la misma imagen.

Otro detalle que puede resolverse en menos de dos minutos y que si olvida puede causar una mala impresión: no pierda de vista que estamos hablando de un conjunto. Todo es importante y todo se toma en cuenta. Es como la vieja frustración del ama de casa: nadie se da cuenta si la casa está limpia, pero ¡qué tal reparan en las partes donde no se limpió! Las personas no se van a dar cuenta de todo lo que está bien con su imagen, pero sí de lo que está mal, como uñas que no estén cortadas "quirúrgicamente".

No dé margen para cualquier comentario negativo. De nada le valdrá invertir una buena cantidad en ropa, cabello y accesorios caros (ver en seguida), si se comenta al respecto de sus pobres e inocentes uñas largas o roídas.

6
RASÚRESE DIARIAMENTE NO ABUSE DEL MAQUILLAJE

La barba crecida es señal de descuido y no transmite una buena impresión. La única excepción es el domingo, cuando usted puede dejar su piel descansar.

En una ocasión, en una entrevista de selección para empleo en una empresa exportadora, apareció un candidato con la barba crecida. Ni siquiera tuvimos que hacer el trabajo de valorar su currículum, pues un candidato a un puesto que no tenga la menor dedicación por su imagen ciertamente no la tendrá con la empresa en la cual quiera trabajar.

Para las mujeres: cuidado con el maquillaje. No abusen de él. Algunas piensan que reforzar el maquillaje puede ayudarlas a impresionar. Ciertamente lo van a hacer, pero por su mal gusto. El maquillaje debe ser lo más discreto posible. Las compañías aéreas, por ejemplo, llegan al grado de enseñar a sus azafatas a maquillarse y a escoger los colores permitidos en lápices labiales y sombras.

7
CUIDE SUS DIENTES

¿Ha oído hablar de la placa bacteriana que se forma entre los dientes y que les da a éstos un aspecto blanquecino? Pues si se cepilla bien los dientes y usa hilo dental a diario, usted puede evitar la formación de sarro, que por cierto proporciona un aspecto desagradable cuando la persona abre la boca.

También es recomendable visitar al dentista cada seis meses —de preferencia— para limpieza y remoción de la placa bacteriana, antes de que se forme el sarro.

Actualmente existen clínicas especializadas en blanquear la dentadura. En una aplicación única de una hora, los dientes quedan más blancos. Aproveche los beneficios de la ciencia e invierta en la estética de sus dientes.

8
USE ROPA BUENA Y APROPIADA

No economice en un artículo tan importante para valorar su imagen incluso antes de que usted tenga la oportunidad de presentarse. Vístase siempre bien. Use ropa buena, bonita, siempre bien lavada y planchada y que combine en el ambiente al que usted va. Traje y corbata para ellos, y traje sastre para ellas, son símbolo de elegancia e imponen respeto. No se olvide de comprar unos buenos zapatos que armonicen con la ropa y el cinturón.

Tampoco quiera impresionar saliendo por ahí siempre de Hugo Boss. Cierto, la apariencia es fundamental, sin embargo, resulta impropio que usted vaya de corbata a un almuerzo de domingo en la casa de la suegra o que vaya al estadio como si estuviese yendo a una importante junta de negocios. Use el sentido común y vístase con ropas adecuadas para los ambientes que frecuenta.

9
ANTEOJOS Y PLUMA DE PRIMERA LÍNEA

Usted no aceptaría una invitación a pasear en un lujoso yate por Cabo San Lucas con lentes de sol comprados por veinte pesos en Tepito, ¿o sí?

Invertir en anteojos de buena marca, bonitos, ligeros y modernos es valorar su imagen. Tampoco firmaría un contrato millonario con una pluma desechable de tres pesos.

Compre una buena pluma para toda la vida, tipo Mont-Blanc u otra de buena marca. Esos objetos personales apoyan su imagen.

Para que usted se dé una idea del poder que tiene una buena pluma, en cierta ocasión un gobernador de Rio Grande do Sur,* Brasil, firmó un importante documento con una reluciente Mont-Blanc. A su partido, el PT,** no le gustó la demostración de estatus, por lo que censuró públicamente al gobernador.

---

* Estado del sur de Brasil.
** Partido político brasileño de izquierda.

Cuestionario del capítulo II
Invierta en su imagen

- ¿Mi cabello está bien arreglado y mis uñas bien cortadas?
- Para ellos: ¿la barba está bien rasurada?
- Para ellas: ¿el maquillaje es discreto?
- ¿Mis dientes lucen blancos, limpios y sin placa bacteriana?
- ¿Estoy adecuadamente vestido para visitar los lugares que frecuento?
- ¿Mis lentes de sol y mi pluma son de buena marca?

Capítulo III
Invierta en su currículum vitae

> "Es curioso; suelen decirme que tengo suerte. Sólo sé que cuanto más me preparo, más suerte tengo."
>
> *Anthony Robbins*

Bueno, a usted le está yendo bien a estas alturas del partido. Primero cuidó mucho de su "patrimonio". Su salud física, mental y emocional son óptimas. Tiene una apariencia inmejorable, la disposición de quien acaba de salir de una conferencia sobre motivación y la resistencia de un atleta para enfrentar cualquier desafío.

Después invirtió en su imagen. Pasó al peluquero, arregló su cabello, se rasuró, se puso una camisa de lino que combina perfectamente con un elegante pantalón de microfibra, se calzó unos buenos zapatos, seleccionó un reloj de muñeca de buena marca, colocó una hermosa pluma en el bolsillo de la camisa, además de unos lentes modernos, tomó su portafolios de piel de cocodrilo y está listo para el mercado, ¿cierto? No, desafortunadamente, todavía no.

Digamos que la cuestión del "empaque" está resuelta. Su imagen es simplemente fantástica. La primera impresión que las personas tienen de usted es óptima. Sin embargo, ¿el contenido? La imagen apenas atrae los ojos del mercado, pero las personas no compran simplemente una envoltura. Ésta apenas abre las puertas para que usted tenga la posibilidad de darse a conocer.

Ahora que las puertas se abrieron para usted, llegó el momento de convencer a su interlocutor de que el contenido también es bueno. Por eso, de la misma forma en que invirtió en el "empaque", usted no puede economizar en el contenido.

10
CURRÍCULUM PERSONALIZADO

No caiga en la tentación de fotocopiar su currículum. Con los costos ínfimos de la impresión láser, imprima un currículum para cada empresa que visite, haciendo constar el nombre de la compañía. Demuestre que usted no está enviando sus datos por correo a cualquier lugar. Además del currículum impreso en láser, tenga también una opción en disquete y otra en CD.

Finalmente, tenga en cuenta ue las personas ue analizarán su currículum están ocupadas. Por eso, elimine los datos documentales, tales como el CURP, el número de pasaporte, el nombre de la escuela donde cursó maternal, etcétera. Aténgase a lo principal y nunca presente más ue dos páginas de datos. Sea claro en su objetivo profesional: escríbalo en negritas después de sus datos personales resumidos.

11
EDUCACIÓN SUPERIOR A LA MEDIA

Usted no puede conformarse nunca con estar en la media. Debe estar siempre encima. Si la media tiene solamente secundaria, usted debe tener preparatoria. Si la media tiene licenciatura usted debe tener maestría. Así continuamente. Si la media tiene maestría, usted lucha por hacer un doctorado.

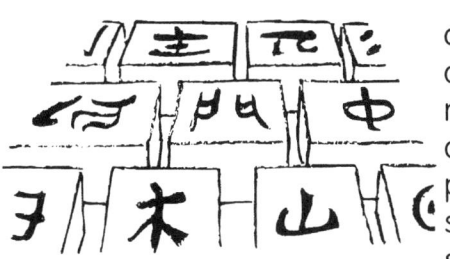

También use la cabeza en el área de cursos extracurriculares. Participe del mayor número posible de cursos, seminarios, congresos y encuentros. A esto le llamamos acumulación de conocimiento. De nada vale una experiencia de 10 años en un mismo puesto sin haber acumulado ningún conocimiento adicional.

Independientemente del área en la que actúe o vaya a actuar, usted debe dominar tres "idiomas" fundamentales: una lengua extranjera, *marketing* e informática. Una lengua extranjera porque vivimos en un mundo globalizado. El idioma del *marketing* le será útil para "venderse". Y la informática porque simplemente no existe nada sobre este mundo que no esté conectado a una computadora.

12
DOMINE DOS IDIOMAS, COMO MÍNIMO

Cuando decimos dos idiomas, estamos incluyendo el español. Antes de salir por ahí para hacer un curso de inglés u otra lengua, usted debe tener dominio pleno de nuestro idioma oficial. Tampoco se vale hablar más o menos una lengua extranjera. Hablar "espanglish" casi todo el mundo lo hace. Sin embargo, si habla correctamente el español usted ya entrará a una lista privilegiada.

En el panorama actual, en el que la tecnología ha reducido al mundo permitiendo la comunicación con cualquier parte del globo de manera instantánea, y donde la economía se ha vuelto cada vez más globalizada, hablar apenas un idioma es casi como no hablar ninguno. Como mínimo usted debe dominar el inglés, el alemán o el francés.

Si usted incluso aprende alguna otra lengua extranjera, mejor aún. Más puntos a su favor.

13
PREPÁRESE PARA EL "ATAQUE"

Cuando usted esté listo para el "ataque" final, o sea, salir al mercado en busca de un empleo que esté a su altura, o para vender una buena idea a un inversionista, recabe información importante.

Primero, no salga disparando para todos lados. Seleccione empresas y personas que sean serias, con renombre o prestigio. Después, haga una investigación al respecto. Verifique el historial de la compañía, su trayectoria de crecimiento y los nombres de las personas vinculadas a éste. Así, usted causará una óptima impresión ante su interlocutor.

No olvide que es su obligación saber cómo llegar al lugar de la entrevista o del encuentro. No le quite tiempo a su interlocutor con ese tipo de detalles. Infórmese con la secretaria o con otra persona. Rectifique el camino en un mapa o tome un taxi. Cuando se le pregunta si usted sabe llegar al lugar y usted responde que sí, simplemente le está ahorrando tiempo a personas ocupadas y ganará un punto extra en su calificación.

Además de toda esta información, lleve siempre consigo copias de documentos, diplomas y certificados, para el caso en que su interlocutor los solicite.

Cuestionario del capítulo III
Invierta en su currículum vitae

- ¿Mi currículum está impreso en láser y ocupa apenas dos hojas, además de estar disponible en disquete y CD?
- ¿Mi educación es adecuada para lo que anhelo?
- ¿Soy bueno en por lo menos una lengua extranjera?
- ¿Estoy preparado para la entrevista?

Capítulo IV
Valore su persona

"De nada vale ayudar a los que no se ayudan a sí mismos."

Confucio

Vamos a ver en dónde estamos: si usted llegó hasta este punto, esperamos que ya haya cuidado de su salud, de su imagen y de su currículum. Pero lamentamos informarle, querido amigo, que eso no es suficiente.

Es necesario, ahora, tocar el lado emocional de las personas. Es importante que usted le guste a la gente.

Generalmente no nos agrada relacionarnos con tipos pesimistas, malhumorados, que se juzgan derrotados o que viven lamentándose. Nos gusta, en cambio, escuchar buenas noticias y procuramos rodearnos de personas optimistas, llenas de carisma y buen humor, que tomen sanamente la vida y raramente reclamen de algo. No solamente en el ambiente informal y relajado de casa, sino también en la oficina. ¿O será que no cabe el buen humor en el trabajo? El humor es tan importante, que hace parte de las cuatro haches del profesional exitoso:

- Humor
- Honestidad
- Habilidad
- Humildad

Las siguientes claves servirán para valorar su persona, para que usted sea siempre bienvenido en cualquier lugar que frecuente. Si a las personas les gusta relacionarse con usted, sus oportunidades de crecer en el ámbito profesional, personal, deportivo, académico o cualquier otro aumentan geométricamente.

Hay más: si usted le gusta a la gente, también a la gente le gustará hacer negocios con usted.

14
SEA ORGANIZADO

Impresione por ser la excepción. Cuando la regla es dejar todo para la última hora, muestre que usted es organizado, adelantándose a los plazos. Compre las entradas para el teatro con días de anticipación, haga reservaciones para los restaurantes, adquiera los paquetes de viaje meses antes de sus vacaciones, entregue la declaración del Impuesto Sobre la Renta antes de que se agote el plazo fatal, inscríbase para los exámenes de admisión en la universidad antes del último día. En fin, escape a la regla. No deje nada para mañana.

Ya que vivimos en el país de "los documentos para todo", tenga en casa un archivo de ellos siempre al día, además de un juego completo de copias certificadas. Tenga también fotos recientes, a color, 3 x 4 y 5 x 7 (no se saque fotos en blanco y negro). Tenga a la mano comprobantes de domicilio y de ingresos, además de un pasaporte y la visa para los Estados Unidos vigentes. Nunca se sabe cuándo pueda recibir una invitación para viajar a los Estados

Unidos, ganar una beca de estudio o incluso sacarse un vuelo gratis en el cereal.

Dentro de su portafolios lleve siempre una pluma, un lápiz, clips, pegamento, tijeras, cinta adhesiva, timbres postales y aquel famoso corrector para los inevitables errores. No olvide traer una agenda electrónica con todos los teléfonos de amigos, conocidos y compañeros de trabajo. Nunca se sabe cuándo necesite hablar con ellos.

Se sorprenderá con la expresión de la gente cuando vea su organización. Usted va a impresionar con eso, lo que resulta óptimo para su imagen.

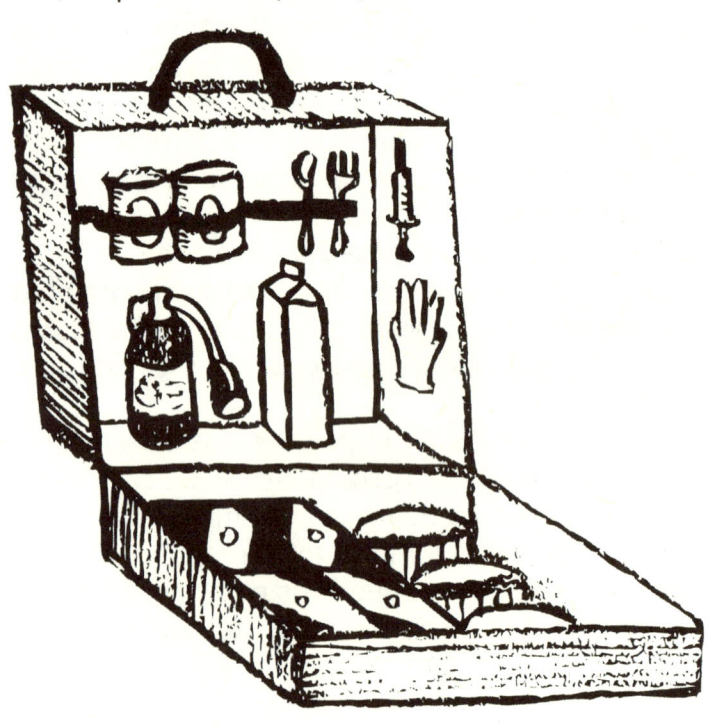

15
ESTÉ SIEMPRE DE BUEN HUMOR

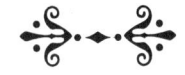

"Un día sin una sonrisa es un día desperdiciado."
Charles Chaplin

"Sonreír da más luz y cuesta menos que la electricidad."
Proverbio escocés

El mal humor aparta a las personas de nuestro lado. Ni siquiera nuestra pareja nos aguanta cuando amanecemos de malas. Si usted realmente está teniendo uno de esos días en que todo sale mal, contrólese. Nadie, a excepción de su psicólogo, está interesado en su agrio carácter.

Mire cómo la sonrisa de Jimmy Carter se volvió marca registrada, internacionalmente conocida. Y Verónica Castro, ¿sería tan famosa sin su tradicional sonrisa?

Sonreír hace bien para la salud y abre puertas. Sonría siempre, así le den una respuesta negativa. No se dé por vencido. No demuestre debilidad delante de las personas. Si usted no hizo algo exactamente como lo querían, si faltó algún detalle, no se enfurezca. Sonría y vuelva después con todo resuelto.

16
NO SE ENFUREZCA GRATUITAMENTE

Filas en el banco, atrasos en los vuelos, embotellamientos, proveedores que no pagan, elevadores que se atoran, periódicos que no llegan, lluvia fuera de pronóstico, en fin, todos los pequeños problemas de la cotidianeidad que no valen su disgusto (y sus arrugas).

Deténgase a pensar y díganos qué gana usted cuando se enfurece con esos pequeños acontecimientos diarios. Al molestarse, usted pone cara de pocos amigos y pierde el buen humor. Lo que es peor, está listo para estallar justamente con quien nada tiene que ver en el asunto.

Si está en una fila de un banco, aproveche para observar las instalaciones y el movimiento de las personas. Converse con el tipo que tiene al lado. Aproveche para hacer su "comercial". Si el avión viene retrasado, invierta el tiempo en leer un libro o una buena revista. Si el proveedor no pagó, es él quien tiene un problema y no usted. En fin, guarde su enojo para problemas realmente serios.

Demuestre serenidad. La tranquilidad está muy valorada en estos tiempos de estrés.

17
PRACTIQUE EL OPTIMISMO Y NUNCA SE LAMENTE

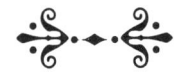

Hay una corriente en psicología que afirma: si pensamos negativamente, algo negativo acabará sucediendo. ¿Se acuerda de la historia del vaso de agua? Cuando se le pregunta a alguien cuánta agua hay en un vaso servido a la mitad, el optimista responde que el recipiente está medio lleno y el pesimista que está medio vacío.

Basta un poco de voluntad para ver el lado bueno de las cosas y de los acontecimientos. Tal vez la vida no sea siempre color de rosa, pero, al menos, usted no necesita volverla gris. Las personas ya tienen sus propios problemas. Vamos a ahorrarles el trabajo de escuchar los nuestros. La vida perfecta es mera utopía. No existe. Si la felicidad es la suma de momentos felices, se sobreentiende que, entre esos momentos, habrá situaciones difíciles.

La naturaleza humana es sabia. Si la vida colocó obstáculos en nuestro camino es porque tenemos condiciones para superarlos. No se deje abatir. Mantenga la cabeza en alto y elimine los inconvenientes uno por uno. Antes de reclamarle a la vida, recuerde el dicho que reza: "Mientras el pesimista se queja del viento, el optimista prepara el velamen".

18
CUIDE SU DISCURSO

Quien domina su discurso tiene el poder de conquistar a las personas, ya sea a través del carisma o de la razón. Incluso cuando usted no sea un orador nato, existen expresiones o palabras mágicas que causan buena impresión en el discurso, entre las que podemos destacar: *estimados señores, queridos amigos, es una enorme satisfacción, es con gran placer, sin la menor duda, sin embargo, en tanto, trabajo, labor, conquista, amor, armonía.*

Otras palabras deben ser vetadas del vocabulario de quien busca causar una buena impresión: *Esteeee, órale, cosa, eso.* Usar un lenguaje localista o palabras altisonantes, ni pensarlo.

Tampoco hable mal de sus competidores. En el peor de los casos, ignórelos.

Procure, de igual manera, citar el nombre de su interlocutor: "De esa forma, Silvia; como usted puede ver, Carmen; siendo así, querido Sergio," etcétera.

Como colofón, nunca use palabras derrotistas. En vez de decir que las ventas están bajas, diga que éstas no crecieron conforme lo previsto. En vez de decir que nada salió como debía, diga que los resultados no fueron exactamente los planeados. Tampoco diga que usted fue despedido. Simplemente establezca que resolvió buscar nuevos desafíos.

En resumen: entusiasme a las personas por medio de las palabras fuertes y evite aquellas negativas. Recuerde que las personas asociarán su discurso con su imagen. Si usted habla de crecimiento, metas alcanzadas, éxito, es así como lo verán.

19
CUIDADO CON LA POSTURA Y LA DICCIÓN

Tan importante como estar bien vestido es mantener una posición correcta y elegante. Procure siempre caminar con la columna recta. Incluso sentado, evite "acostarse" en la silla. Tampoco apoye la cabeza en las manos, pues da idea de desánimo. Cuando se levante, no arrastre la silla consigo. Intente ser mesurado en sus gestos, demostrando educación y estilo. Evite comerse las uñas y fumar en público. Esto transmite una idea de inseguridad.

Curse un taller en dicción y oratoria, aun cuando usted no tenga problemas al hablar. Esto con el solo objetivo de perfeccionar el arte que representa hablar correctamente. Tome en cuenta que nunca se sabe cuándo usted pueda ser invitado a dirigir algunas palabras en público.

Incluso cuando domine la palabra, una mala dicción puede comprometer la credibilidad de lo que usted está intentando "vender". La combinación de una postura elegante con una dicción perfecta y un discurso fuerte no sólo representa la mitad del camino necesario para causar una buena impresión: se traduce en un 100 por ciento más de posibilidades de conquistar el corazón de su audiencia.

20
SALUDE A TODO EL MUNDO

"Hola, ¿cómo estás? Buen día, ¿cómo va todo? ¿Qué tal? ¿Cómo te ha ido?" Ah, cómo es reconfortante encontrar personas que nos reciben con un saludo efusivo. Y por supuesto, no existe nada más desagradable que toparse con un conocido y ver que, a pesar de que se hayan visto, éste pase de largo sin voltear.

Salude con un sonoro "Buenos días" ("Buenas tardes", "Buenas noches") a todos los conocidos, familiares, amigos, colegas, funcionarios, patrones, etcétera. Nadie está diciendo que usted necesita llegar a la última mesa en un restaurante y obligar a su conocido a levantarse para darle un abrazo de oso. En ocasiones, un simple movimiento de cabeza es más que suficiente.

También es recomendable saludar incluso a personas que usted no conoce, tan sólo por educación. Es el caso con los porteros en las empresas y en los edificios, secretarias, ascensoristas, etcétera. Resulta más amigable decir "Buen día, me llamo Fulano. Estoy buscando al señor Sutano" que simplemente llegar y soltar un escueto "Quiero hablar con..."

21
APRIETE LA MANO DE MANERA DECIDIDA

A nadie le gustan las personas que dan la mano para saludarnos como si tuviéramos una enfermedad altamente contagiosa. Está bien que hay personas con artritis que no pueden apretar la mano, pero personas sin problemas que dan la mano como dejándola caer, mejor que ni la den. La impresión que transmiten es la de que están haciendo algo con asco.

Tampoco necesitamos quebrarle la mano a nuestro interlocutor con un apretón de "cascanueces". Apriete tan sólo de forma decidida y mirando a los ojos de la persona. Detestamos cuando nos dan la mano y miran para otro lado. Esto resulta completamente mecánico.

Demuestre atención para con quien lo está saludando. Haga las cosas bien hechas. Mire a los ojos, diga alguna cosa y sonría.

22
TENGA SUS CUENTAS AL DÍA

Conquistar una buena imagen no es una tarea tan difícil. El problema es mantener ese buen concepto a lo largo de una vida. Basta un pequeño resbalón para perderlo. Evite al máximo atrasarse en sus compromisos financieros. Las excusas de que estaba de viaje, que se quedó sin chequeras, que no sabía nada, y tantas otras son apenas prueba de su desidia y omisión con su propia imagen.

Tenga siempre en mente que su acreedor puede estar contando con ese dinero. Que vean su nombre en la lista de deudores de la PROFECO o del Buró de Crédito le costará mucho más que el valor de la cuenta que usted no saldó. Tener crédito en el mercado es sinónimo de buena matrícula. Teniendo crédito, usted puede tenerlo todo.

23
APRENDA A DECIR QUE NO. SI PROMETE, CUMPLA

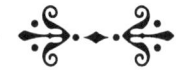

"La mejor manera de mantener la palabra es no darla."

Napoleón Bonaparte

Tenemos una notable tendencia a decir que sí a todo lo que se nos pide, incluso cuando eso esté más allá de nuestras posibilidades. Es común la expresión de "Ya veré cómo le hago", para no tener que soltar un incómodo ¡NO!

Es preferible ser sincero a presentar algo malhecho e incompleto. Simplemente diga "No puedo" en vez de fallar y dejar la palabra empeñada. Además, ¿quiénes somos para resolver los problemas de todo el mundo?

Está bien. Usted no podía rehusarse y asumió un compromiso. De acuerdo. Probablemente esto le puede traer beneficios futuros. Entonces, cumpla a rajatabla lo prometido. Si le pidieron 50 unidades, no entregue 49. Si le encargaron un fax marca Toshiba, no llegue con un Canon. Si prometió conseguir una muestra de hielo ártico, arrégleselas y tráigalo.

Transmítales a las personas la idea de que usted raramente se compromete con alguna cosa. En contrapartida, hágales saber que cuando usted asume un compromiso, es garantía que de que cumplirá con su parte.

24
DEVUELVA SIEMPRE LAS LLAMADAS

Hay pocas cosas más desagradables que estar llamando por teléfono repetidamente para hablar con la persona deseada. No importa si usted es el Papa. Por mera consideración, no deje de reportarse a las llamadas, faxes, correos electrónicos o cartas, así se trate de esa persona tan pesada con la que usted detesta hablar.

No sirve de nada salir con la vieja excusa de que no recibió el recado. ¿Entonces para qué sirven las prácticas grabadoras y contestadoras? Además de pasar por maleducado, no olvide que usted puede perder buenas oportunidades por no devolver ciertas llamadas.

En el último de los casos, si usted es del tipo que recibe decenas de correos electrónicos por día, pídale a su secretaria, o a cualquier otra persona, que responda por usted.

25
PREFIERA EL CONTACTO PERSONAL

Sin duda alguna, el invento de Graham Bell fue uno de los que ha contribuido mayormente a la sociedad moderna. Sin embargo, si usted tiene condiciones para hablar personalmente con alguien en vez de localizarlo por teléfono, no deje de hacerlo. El contacto personal, un apretón de manos, el contacto visual son insustituibles.

Tenga plena seguridad de que una solicitud hecha personalmente —de forma que usted pueda exponer su idea con sentimiento— tiene muchas más oportunidades de ser atendida que la expuesta de manera impersonal.

Evite también dar malas noticias por teléfono. Busque personalmente al interesado y reconfórtelo en seguida.

26
TRATE BIEN A TODOS, PRINCIPALMENTE A SUS FAMILIARES Y AMIGOS

No hay razón para no tratar bien a las personas. Si usted tiene algún problema, la dificultad es suya, no de los demás. Recuerde que todos forman parte de un sistema y que, la mayoría de las veces, la gente está cumpliendo tan sólo con sus obligaciones.

No por tener dinero usted tiene derecho a criticar a quien no lo atendió como usted quería. Antes de reclamarle al mesero, pregúntese cuánto estará ganando y cómo se la estará pasando.

"Los amigos son para guardarlos en el lado izquierdo del pecho". Nunca trate mal a sus amigos. Son ellos los que están a su lado en las horas difíciles. Si hay veces que los familiares ya de por sí incomodan, imagine si usted va a crear enemistades adicionales dentro de la familia. Ya que no podemos escoger a los parientes, tratémoslos bien, pues tendremos que convivir con ellos toda la vida. Lo mismo vale para las personas que nos disgustan, con una diferencia: no las trate mal, sólo de manera neutra.

Tratar bien a las personas garantiza que todos sean educados con usted y, seguramente, esto le significará buenas oportunidades. De lo contrario, además de crear animadversión y enemistades, usted se estará cerrando muchas puertas.

27
DEJE SIEMPRE BUENAS PROPINAS

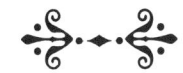

Si usted se puede gastar 1 000 pesos en una cena, no sea mezquino y deje una buena propina para el mesero que lo atendió (en caso de que no esté incluida en la cuenta). Lo mismo para el *valet parking* o para el tipo que "le echó un ojo" a su auto, o para el portero del hotel cinco estrellas que le abrió la puerta, o para la señorita del café en el centro comercial. Usted se dará cuenta que estas personas y todas aquellas a las cuales usted da con frecuencia una "contribución" comenzarán a tratarlo como un VIP.

Hay incluso un interesante y peculiar beneficio indirecto de dar buenas propinas: salvar el pellejo. Fue eso exactamente lo que ocurrió con cierto político que no fue asesinado por sus secuestradores porque uno de ellos le recordó al compinche que el secuestrado daba buenas propinas y que eso debía tomarse en cuenta.

Evite andar sin cambio para no verse en la necesidad de dar esa disculpa vergonzosa: "No traigo cambio..."

28
SEA RIGUROSAMENTE PUNTUAL

Ya es hora de acabar con esa improductiva y maleducada tradición latina de llegar retrasado a cualquier compromiso. Hay personas que incluso encuentran glamoroso llegar después de la hora convenida. No hay nada que resulte más descortés. Además de denotar una absoluta carencia de estilo es una terrible falta de respeto con el anfitrión. Si usted llega siempre en el horario convenido, conquistará la admiración de las personas y éstas comenzarán a confiar más en usted.

Dice la tradición que en Japón la persona que llega puntual a los compromisos es educada. La que llega cinco minutos antes demuestra respeto por el anfitrión, y el que llega atrasado, ofende. Sea oriental en sus compromisos: llegue exactamente dentro de la hora marcada y demuestre educación.

Un detalle importantísimo: apague su celular en cuanto llegue a su compromiso, sea una cena social, una reunión de negocios o una obra de teatro. Muestre que usted sabe utilizar la tecnología con sentido común.

29
MEMORICE LOS NOMBRES DE BUENOS VINOS

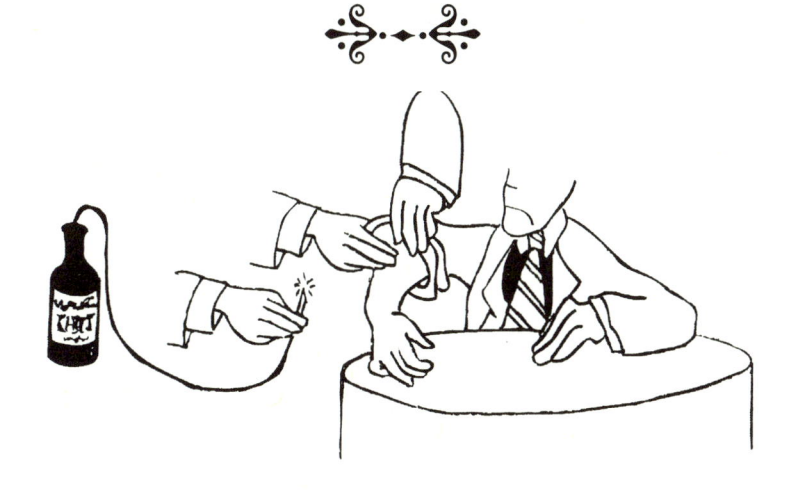

"No confíe en personas que nunca beben."
Winston Churchill

Muchos negocios se cierran durante una buena comida o una cena informal. Y muchas contrataciones también. Así como su anfitrión lo llevará a un buen restaurante, también le pedirá escoger el vino. Nunca diga que no entiende del asunto. Usted no necesita cursar la licenciatura en enología para escoger una buena botella.

La clave está en memorizar algunos nombres. Pídale a un amigo que conozca de vinos que le indique unos cinco nombres (un chileno, un español, otro francés, un italiano y un alemán) para tenerlos en la punta de la lengua al momento de sugerir el vino, si es que se lo solicitan. Un detalle: cuidado con la pronunciación de los nombres extranjeros.

Si usted sugiere un vino bueno y conocido, su anfitrión quedará impresionado con dos cosas: la primera, usted "entiende" de vinos. La segunda, usted demostró seguridad en sí mismo. Esta última cualidad es muy importante en el ámbito profesional.

30
SI PIDE UN AUTO PRESTADO, DEVUÉLVALO CON EL TANQUE LLENO

En nuestra sociedad, en la que tener un auto es el sueño de muchas personas, es fácil darse una idea de la importancia de este medio de transporte. Quedarse sin él durante 24 horas puede convertirse en un serio problema para muchos.

En caso de que usted necesite desesperadamente un auto y decida pedirlo prestado a un amigo, muestre que usted es meticuloso. Devuélvalo con el tanque lleno. Este gesto, que le cuesta mucho menos que si tuviera que rentar un automóvil, muestra que usted es una persona seria y detallista. Así, siempre que necesite de un vehículo prestado, nadie va a dudar en ofrecérselo.

En caso de que usted se quede con el auto por un periodo mayor, haga un pequeño esfuerzo extra y aproveche también para mandarlo a lavar. Cuando usted vea la alegría del dueño del carro, verá también que el beneficio fue mucho mayor que el costo de una simple lavada.

31
SI PIDE PRESTADA ALGUNA COSA, DEVUÉLVALA CUANTO ANTES

Otra tradición latina que conviene abolir definitivamente es nunca devolver las cosas prestadas. Debe haber varias bibliotecas desperdigadas por el país que se han formado exclusivamente con libros prestados.

Evite que alguien tenga que correr atrás de usted para pedirle de vuelta lo que tomó prestado. Regrese el objeto tan pronto como haya dejado de necesitarlo. En caso de que requiera de aquello por más tiempo, por lo menos solicítelo de nuevo.

Por el bien de una sana relación, sólo pida cosas prestadas como último recurso.

32
NO ALARDEE

❖·❖

"Cuanto más hablamos de nuestros méritos, menos nos creen los demás."

Beauchêne

¿Usted conoce ese tipo de personas que siempre saben de todo, que ya hicieron de todo, que conocen todo el mundo? Pues sí, cuidado para no caer en esa trampa. Que usted crea en sí mismo o sea una persona autosuficiente es algo muy saludable. Sin embargo, resulta muy diferente ser una persona entrometida que minimiza constantemente las virtudes de su interlocutor.

No domine dentro de las conversaciones. Evite ser el centro de atención. No hable de sus conquistas y victorias en la vida si nadie le ha preguntado al respecto.

Sea discreto. Hable sólo cuando sea el momento oportuno.

33
SEA Y PAREZCA HONESTO

No basta con ser honesto. Usted necesita parecer una persona honesta. Principalmente cuando maneje dinero, no se olvide de dejar las cuentas bien claras para evitar dudas en cuanto a su honestidad. Cuando se trate de dinero ajeno, presente cuentas, incluso cuando no se le hayan solicitado.

Evite cualquier actitud que pueda ser mal interpretada. Procure siempre actuar con transparencia en asuntos de naturaleza financiera o comercial.

Deje siempre claro cuánto va a ganar por su trabajo y por las comisiones recibidas de terceros. Nunca, nunca, nunca aumente el valor en el pago a terceros. Si por una fatalidad su cliente descubre que usted ganó más que él, usted perderá su confianza para siempre. Y esa mancha es muy difícil de limpiar.

34
NO PIENSE EN VOZ ALTA

Debemos tener cuidado con los pensamientos. Nos pueden traicionar.

La emoción hace que, muchas veces, nuestros razonamientos salgan del ámbito de la realidad, llevándonos al mundo de la fantasía, del exotismo, de la extravagancia, de la divagación.

Como dice una enseñanza indígena: "Las palabras dichas son como flechas disparadas: no regresan nunca más." Después de proferir un improperio, por más que usted se disculpe, el daño está hecho. De nada sirve que usted intente atenuar la situación diciendo que no era exactamente eso lo que quería decir.

Como aseveró Chilon: "No podemos permitir que la lengua corra adelante del pensamiento."

35
DÉ BUENOS EJEMPLOS

No tire basura por la ventana del auto. Contribuya con los programas de reciclaje separando los desperdicios en su casa. Detenga la puerta del elevador para que otros puedan entrar o salir. Aguarde la luz verde del semáforo para arrancar. Espere pacientemente en las filas. Dé ejemplos de ciudadanía para que las personas comiencen a creer que vale la pena ser honesto y acaben por revocar definitivamente la célebre frase: "el que no tranza no avanza".

Regrese a los buenos tiempos de los *boys scouts*: practique una buena acción por día. Es necesario repetirse: "Habla más un ejemplo que mil palabras". Sea una persona de vida social. Participe activamente en su comunidad. Usted debe dar un poco de su tiempo participando en actividades sin fines lucrativos que busquen elevar el bienestar social. Es muy común en los Estados Unidos que las empresas den un día de trabajo por mes a cada funcionario para que éste pueda dedicarlo a la colaboración con entidades filantrópicas.

36
CONTRAIGA MATRIMONIO

La familia es la célula de la sociedad. Las personas casadas transmiten seguridad y estabilidad; eso les gusta a las empresas. Si hay dos candidatos a una plaza y ambos cuentan con el mismo currículum, presentación, etcétera, pero uno es casado y el otro soltero, la empresa dará preferencia al casado.

Casada, la persona llega a convivir más con la comunidad. Además, sufre un cambio en su escala de valores. Comienza a pensar en planes de previsión, contrata un seguro de vida, deja de exponerse a riesgos que antes, como soltero, no tomaba en consideración, y piensa dos veces antes de tomar una decisión que pueda afectar su carrera profesional.

No tenemos nada en contra de los solteros, pero la gente casada lleva ventaja en cuanto a su imagen, por agregar a su persona valores culturales y religiosos mucho más fuertes.

Cuestionario del capítulo IV
Valore su persona

- ¿Estoy siempre de buen humor y no me irrito gratuitamente?
- ¿Soy optimista, no vivo lamentándome y doy buenos ejemplos?
- ¿Mi discurso, postura y dicción están al 100%?
- ¿Saludo a todos y doy la mano de manera decidida?
- ¿Pago puntualmente mis cuentas?
- ¿Sólo digo que sí cuando puedo cumplir una promesa?
- ¿Me reporto siempre a las llamadas telefónicas?
- ¿Procuro hacer contacto personal en vez de hacerlo por teléfono?
- ¿Trato correctamente a todos y dejo buenas propinas?
- ¿Soy rigurosamente puntual y organizado?
- ¿No alardeo y nunca pienso en voz alta?
- ¿Soy y parezco honesto?

Capítulo V
Valore su "marca"

"El hombre vale tanto cuanto se valora a sí mismo"

François Rabelais

No sea tan ingenuo como para esperar el reconocimiento de las virtudes y vocaciones naturales de su "marca". Con seguridad ese reconocimiento vendrá, pero no antes de que usted se consagre a lo que está haciendo. No antes de que su "marca" se convierta en "firma". Y es aquí donde reside el problema: tener persistencia para llegar ahí. En promedio, a un profesional le toma 10 años volverse conocido en el mercado. Pero, pensándolo bien, la verdad es que 10 años en una carrera no son mucha cosa. Como se dice usualmente: usted tendrá que "comer mucho pasto" antes de saborear de las frutas.

Algunas claves lo ayudarán a valorar las virtudes y vocaciones de su "marca", pues no basta con que las personas perciban en usted determinadas cualidades si usted no las valora. Un diamante en bruto no vale ni diez por ciento del costo que tendría en el mercado un diamante finamente tallado.

37
SEA CONFIADO: CONFÍE EN USTED

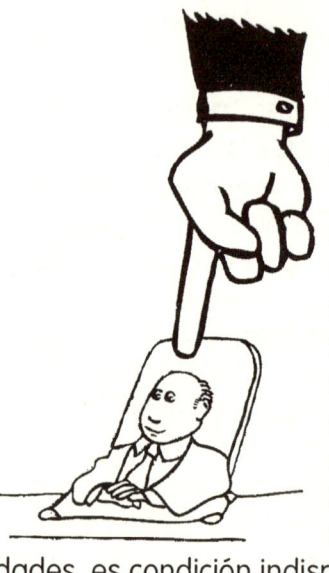

Si usted no cree en sí mismo, ¿quién va a creer?

En la década de los ochenta, uno de los mayores bancos de Brasil lanzó una gran campaña nacional con el slogan "Dése crédito". Tan importante como tener fe en Dios resulta tener fe en uno mismo. Creer en su talento, en su potencial, en sus cualidades, es condición indispensable para llegar un día a consagrarse en lo que hace. Todos nacemos con la misma cantidad de neuronas. Sin embargo, no todos utilizan ese gran potencial. Apenas sólo los que creen en él.

John Lennon, cuando salió de su casa con una guitarra abajo del brazo con la idea de convertirse en músico, escuchó a su tía advertirle que se moriría de hambre. No sólo no se murió de hambre sino que se hizo rico y famoso. ¡Walt Disney fue despedido de su primer trabajo por falta de creatividad! El profesor de Beethoven no tenía esperanza de que el chico compusiera algo más o menos audible. La historia está repleta de hombres que prefirieron creer más en sus corazones que en la opinión contraria y negativa de los otros.

Escuche a su corazón para tomar sus decisiones, incluso cuando, en el momento, éstas no parezcan las más sensatas.

38
CONTINÚE APRENDIENDO SIEMPRE

Usted bien sabe que vamos olvidando lo que nos enseñaron, en la medida en que no ejercitamos lo que aprendimos. Especialistas en el tema han llegado a la conclusión de que olvidamos, en promedio al año, veinte por ciento de todo lo que aprendimos en el pasado. Eso significa que, en cinco años, perdemos todo lo que asimilamos en la facultad de administración, por ejemplo.

Si el cálculo hace o no sentido, la verdad es que no podemos parar de aprender ni de cambiar nuestros paradigmas, sea por medio de especializaciones o de cursos relámpago.

Dejar de frecuentar las bancas del aprendizaje es una negligencia que puede representar la desactualización completa; un perjuicio a su formación profesional y académica y un riesgo a su carrera que no es bueno correr en tiempos donde la oferta de mano de obra calificada es elevadísima.

39
LEA MUCHO

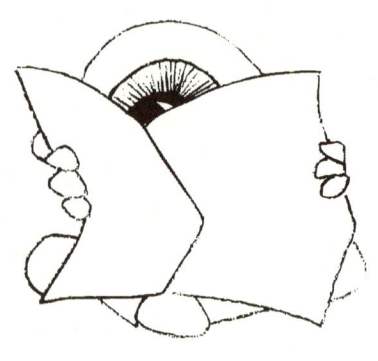

Parar de leer es parar en el tiempo. Es casi parar de pensar, de soñar, de vivir.

En ninguna época de la historia humana los acontecimientos tuvieron una velocidad tan grande como en la actual. Basta una semana sin lectura para quedar desactualizado. Y no basta leer apenas un periódico o una revista. Para estar parcialmente enterado de lo que ocurre a su alrededor, usted debe leer, como mínimo, un buen periódico diariamente, dos revistas semanales y un libro por mes. Si usted dispusiera de un poquito más de tiempo, no le caería nada mal leer también alguna revista extranjera.

Otro beneficio importante de la lectura constante es la captación de ideas. Cuando menos se espera, al leer determinada materia, puede surgir una gran idea para su vida profesional o para su empresa. Y usted además tendrá buenos argumentos para venderla a terceros.

40
VIAJE SIEMPRE QUE PUEDA

"Los viajes abren la mente y le dan forma"
Bruce Chatwin

Viajar, además de ser muy agradable, también es una fantástica fuente de aprendizaje. Al hacerlo por placer o por trabajo, usted estará abriendo su cabeza a diferentes culturas. Tendrá condiciones de comparar nuestro modo de vivir con el de otros países: vivienda, transporte, educación, alimentación, religión, ciudadanía y otros aspectos de la sociedad que pueden impresionarlo y enriquecer su cultura.

Viajar le dará una oportunidad más de contribuir en su comunidad, ya que usted podrá dar sugerencias para la solución de problemas que encontró

97

en el exterior y juzga apropiadas para nuestra realidad, sin mencionar que, al viajar, usted también puede traer nuevas ideas para su trabajo.

Si usted tiene el privilegio de salir de viaje, de trabajo o placer, no deje de divulgar el hecho a través, si es posible, de su departamento de prensa.

No cualquiera puede darse el lujo de viajar. ¿Quién no escuchó alguna vez la expresión "Él es una persona de mundo"?

41
HAGA BIEN LAS COSAS DESDE LA PRIMERA VEZ

"El premio por una cosa bien
hecha es haberla hecho"
Ralph Waldo Emerson

A pesar de que la eficiencia es una de las banderas de la productividad, optamos por las "manitas de gato" en vez de buscar remedios contundentes. Por el triste legado de la ley del menor esfuerzo, preferimos con frecuencia un paliativo antes que una solución definitiva.

Usted ya debe haber oído un comentario que va más o menos así: "Si quieres resolver el problema definitivamente, tienes que hablar con Fulano de Tal". Entonces, nada mejor que asociar su "marca" con el prestigio de un "resolvedor" de problemas. Sea incluso latoso al querer hacer bien las cosas. Eso le dará buena fama.

Se comenta que Henry Kissinger, el famoso ex secretario de Estado norteamericano, era muy exigente con sus funcionarios. Cierta vez, al recibir una carta redactada por su secretaria, él le preguntó si ése era el mejor esfuerzo que ella podía hacer. La secretaria lo pensó por un instante y dijo que no, que el documento podía ser mejorado. Entonces, sin siquiera leer la carta, Kissinger se la devolvió y le pidió que la perfeccionara antes de que él la firmara. La secretaria regresó minutos más tarde con el documento ya mejorado y Kissinger le preguntó nuevamente si esa carta era, con seguridad, la mejor carta que ella podría redactar en toda su vida. Intrigada, ella lo pensó y respondió que no, que esa carta podía todavía ser perfeccionada.

Antes de entregar un trabajo, pregúntese si eso es lo mejor que usted puede dar. Si no lo es, hágalo de nuevo. Siempre entregue lo mejor de sí mismo.

42
HABLE SIEMPRE EN PLURAL

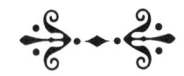

Evite hablar en primera persona del singular. Procure hablar siempre en la primera persona del plural. Da mucha más credibilidad, demuestra profesionalismo y transmite la idea del trabajo en equipo, incluso cuando usted solo haya hecho la labor.

Cuando haga una presentación o dé una entrevista, hable siempre de "nosotros". Eso evitará un tono personal y pretencioso, tornando el mensaje más simpático y aceptable al interlocutor.

¿Cuál de las dos frases transmite más credibilidad?:

"Yo creo que..." o "Nosotros creemos que..."

¿Cuál suena menos arrogante?:

"Yo vendí 200 carros el mes pasado..." o "Nosotros vendimos 200 carros el mes pasado..."

43
NO SEA MODESTO

Si usted es realmente bueno en algo, admítalo. No vaya diciendo por ahí que va a ver si lo puede hacer, que lo va a intentar. Si usted es competente, no va a intentar resolver el problema: usted, de hecho, lo va a resolver. El simple gesto de no estar convencido de sus capacidades provocará que usted no sea contundente.

Cuando esté vendiendo algo, usted no puede colocar en duda, ni por un segundo, su capacidad de atender las necesidades de su cliente. Usted debe demostrar confianza y seguridad al vender sus servicios. Las empresas quieren estar seguras de que están contratando lo mejor. Y solamente usted podrá persuadirlos de que están haciendo un buen negocio.

Es evidente que no va a aceptar una "misión imposible". Eso no sería prueba de seguridad, sino de poca responsabilidad.

Cuestionario del capítulo V
Valore su "marca"

- ¿Tengo confianza en mí mismo y creo en mi potencial?
- ¿Estoy siempre aprendiendo algo nuevo y leo mucho?
- ¿Viajo siempre que puedo hacerlo?
- ¿Hago las cosas bien desde la primera vez?
- ¿Hablo siempre en primera persona del plural?
- ¿No soy modesto en cuanto a mis habilidades?

Capítulo VI
Divulgue su "marca"

¡Felicidades! Su "marca" está lista para ser lanzada al mercado. Usted invirtió en su *producto* (su salud), en el *empaque* (su imagen), en el *contenido* (su currículum) y en los *beneficios del producto* (usted gusta). Llegó el momento de que todos sepan que usted está aquí.

Llegó la hora de trabajar en la divulgación de su "marca" en un mercado super disputado, para que las personas y empresas interesadas en un determinado perfil profesional —en el cual usted encaja como un guante— sepan que usted existe y puedan contratarlo.

Dé una ojeada rápida a la Sección Amarilla para tener una idea de la competencia que impera en todas las áreas. Considere el número de recién egresados —de todas las carreras— que llegan al mercado año tras año. Siempre hay demasiados en su misma área, ofreciendo al mercado el mismo trabajo que usted realiza.

Sume todo eso a la influencia de los medios de comunicación. Desde el momento en que nos levantamos hasta la hora de dormir somos literalmente bombardeados por miles de ofertas de todo tipo, vía radio, espectaculares, televisión, revistas, periódicos, cine, correo directo, y hasta la más antigua y eficaz forma de publicidad: la propaganda de boca en boca. Tome en cuenta que esos miles de productos y servicios anunciados por profesionales o empresas van a disputar un pequeño espacio en la mente del consumidor.

Lograr que su "marca" ocupe un pequeño espacio en la mente de las personas correctas es, seguramente, la etapa más difícil de su camino hacia la consagración. Algunos consejos pueden facilitar este largo trabajo de divulgación y auxiliar a colocar su "marca" en aquel pequeño espacio (la mente del consumidor) —oscuro y húmedo como dice Al Reis— ferozmente disputado por empresas y profesionales.

44
TENGA SU TARJETA DE PRESENTACIÓN SIEMPRE A LA MANO

Independientemente de lo que haga, usted necesita una tarjeta de presentación. Así sea un estudiante o alguien que no esté trabajando en el momento, usted no puede andar sin tarjetas de presentación en el bolsillo.

En cualquier momento, cuando usted menos lo espere, alguien puede pedirle su tarjeta de presentación para un contacto posterior. ¿Y en ese momento usted va a dar la vieja excusa de que se le acabaron o que las dejó en casa? Evite la pena de estar buscando un pedazo de papel para colocar su "marca" cuando un cliente potencial la solicita.

Sea una persona fácilmente localizable. Ponga en la tarjeta varios teléfonos para entrar en contacto con usted, entre los cuales por lo menos debe haber un teléfono celular, su dirección y la dirección electrónica. Ah, con respecto a la dirección electrónica, evite *e-mails* gratuitos. Todo el mundo los conoce y mucha gente los utiliza, por eso no queda que usted ande poniendo uno de ellos en su tarjeta de presentación. A final de cuentas, usted no es todo el mundo. Usted es exclusivo.

Si trabaja en el área médica, evite utilizar su recetario como tarjeta de presentación. Usted puede economizar en otras áreas, pero no en su imagen.

Solamente un buen diseñador gráfico puede resolver sus problemas de identidad corporativa con calidad y eficiencia.

45
DIGA SIEMPRE QUIÉN ES USTED

Su nombre, su apellido o su apodo son su "marca". Y con esa "marca" usted va a ser conocido. No tiene la menor importancia si se trata de un nombre lindo o no. Lo que importa es que la gente necesita saber quién es usted. Siempre que converse con una persona por primera vez, no dude en decir su nombre y aclarar cómo acostumbran llamarlo, en caso de que usted sea más conocido por su apellido o por su apodo.

Es muy bueno que muchas personas sepan su nombre o su apodo que —repetimos— es su "marca". Entre más gente sepa quién es usted y qué hace, mejor. Así, cuando lo llamen por su nombre en la empresa, en la escuela, en el restaurante, en la playa, en la calle, en el club, todos van a saber que usted no es un completo desconocido.

46
HABLE SIEMPRE SOBRE LO QUE USTED HACE

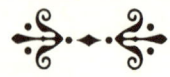

Procure asociar su "marca" con lo que usted hace en la vida. Nunca pierda la oportunidad de hacer su "comercial". Ya sea en reuniones familiares, fiestas, salones de clase, practicando un deporte o cuando conozca a alguien en el avión, aproveche la oportunidad: describa con detalle su actividad profesional y deje su tarjeta de presentación.

Tal vez esas personas nunca necesiten de usted. Pero pueden, eventualmente, conocer a otras que sí. No se avergüence de lo que usted hace. A fin de cuentas es con lo que se gana el pan.

Si usted es tímido, trate de conseguirse un buen psicólogo. En el mercado no hay espacio para la timidez.

47
REGALE COSAS

Usted no se imagina el éxito que tendrá si reparte algún detalle entre los amigos, conocidos o compañeros de trabajo.

Puede ser cualquier cosa: plumas, llaveros, gorras, camisetas, recuerditos de viaje. El hecho es que, como es un gesto inesperado, las personas recordarán su actitud por mucho tiempo.

Un piloto de InterBrasil, el comandante Souto, impresionó a todos los que trabajaban en el aeropuerto de Guarulhos* en la última Pascua. El comandante Souto salió por el aeropuerto con un hermoso cesto de mimbre, lleno de deliciosos huevos de chocolate y los distribuyó al personal de registro, a los maleteros, a las azafatas, a los copilotos y a los demás pilotos. Fue un éxito. A todos les gustó la sorpresa.

Para marcar todavía más el regalo, usted puede personalizarlo, mandando a hacer plumas con su nombre, su especialización y su teléfono. Así les será más fácil a las personas llamarlo cuando necesiten un profesional en el área.

---
* Aeropuerto en los suburbios de São Paulo.

48
ESCRIBA PARA PERIÓDICOS O REVISTAS

Los periódicos y las revistas siempre tienen espacio para la publicación de artículos y opiniones de los lectores. Aproveche estos espacios para exponer sus ideas. Además de presentar su "contenido", usted estará divulgando su "marca" en el mercado y demostrando su conocimiento.

A través de los artículos publicados, muchas personas pueden buscarlo para solicitar sus servicios profesionales o para dar palestras sobre el tema abordado. Si usted no tiene todavía el hábito de escribir o no se siente seguro para mandar sus escritos a periódicos y revistas, no se desanime. Comience escribiendo para el periódico interno de la empresa para la cual trabaja, para el periódico del centro académico o facultad donde usted estudia, para las revistas de las asociaciones o clubes a los que pertenece, para los periódicos del barrio, en fin, encienda su computadora y comience a escribir.

Si no le publican la primera vez, no desista. Revise el artículo, pida opiniones y envíelo a otro periódico.

49
DIVULGUE SUS REALIZACIONES PROFESIONALES

Hace algunos años, un cirujano en São Paulo hizo una amplia divulgación en los medios de comunicación por haber sido el primero en América Latina en realizar una operación de autotransplante. Qué bueno por él. Sólo que desde algunos años antes, en un hospital de Campina Grande do Sul, región metropolitana de Curitiba,* otro cirujano ya venía realizando las mismas operaciones. Sin embargo, nadie sabía del hecho debido a la absoluta falta de divulgación.

Además del mérito de sus realizaciones, usted tiene que tener el mérito de capitalizarlas y divulgarlas. No olvide que los medios de comunicación siempre requieren de noticias. Con seguridad sus conquistas son noticia. Sean de carácter profesional o no, es fundamental que la sociedad sepa sobre sus contribuciones y realizaciones, independientemente de su área de actuación.

---

* Estado del sur de Brasil.

50
TALK-SHOW: ENVÍE PREGUNTAS

Casi todas las emisoras de televisión (abiertas o por cable) tienen programas de entrevistas con gente famosa, escritores, políticos, científicos y toda una pléyade de especialistas.

Aproveche que esos programas abren espacios para preguntas a los telespectadores y envíe la suya —inteligente, claro— con su nombre y su especialidad. De esta forma, cuando el entrevistador lea su pregunta, su nombre y lo que usted es en la vida, todos los que estén sintonizando ese canal sabrán que usted existe. Y lo que es mejor: totalmente gratis.

Entonces, esté preparado diariamente. No desperdicie siquiera un solo programa de entrevistas.

51
DIVULGUE SU PARTICIPACIÓN EN CONGRESOS

Participar en congresos, simposiums o seminarios significa un perfeccionamiento profesional. Acompañar de cerca las novedades que están surgiendo en su área de actuación es indispensable para su éxito profesional.

Utilice su departamento de prensa para divulgar su participación en estos eventos. Envíe también correos electrónicos para sus amigos, conocidos y clientes comunicándoles su ausencia, debido a que usted estará participando de un importante evento en su área. Y en su contestadora telefónica, deje un mensaje informando que está ausente por participar en un congreso relevante a su especialidad.

52
ENVÍE TARJETAS NAVIDEÑAS Y POSTALES

¿A quién no le gusta recibir una postal de un amigo? Como ya saben que usted está viajando (a final de cuentas, usted divulgó el hecho), a las personas les va a encantar recibir un recuerdo de su viaje, ver que usted se acordó de ellas o se tomó el trabajo de comprar una postal, redactarla y enviarla. Se trata de una atención que, evidentemente, a todos les gusta.

Aproveche también la Navidad para mostrar a las personas que usted está "vivo" y que se acuerda de ellas. No economice dinero con las tarjetas navideñas. Envíelas a todos los que conoce. Además de resultar un gesto simpático, es un medio para reforzar su presencia en la mente de las personas.

Sin embargo, no cometa el error de sólo firmar la tarjeta. Escriba algo, aunque sea simple, y no firme: escriba su nombre para que las personas no necesiten descifrarlo.

53
ENVÍE TELEGRAMAS

Existen fechas conmemorativas para todo el mundo. El día del Padre, de la Madre, de la Secretaria, del Médico, del Abogado, del Administrador, del Farmacéutico, de la Azafata, en fin, nadie se queda sin su fecha festiva, además del cumpleaños, por supuesto.

Procure descubrir a qué se dedica cada conocido suyo y envíe telegramas felicitándolos por su día. Como prácticamente nadie hace eso, su telegrama causará sorpresa y será recordado siempre.

Fuera de estas fechas conmemorativas, sus amigos también se casan, tienen hijos, reciben promociones en el trabajo y acumulan importantes conquistas a lo largo de los años. No pierda esas oportunidades de mostrar, con un gesto amable, que usted está atento a lo que sucede en sus vidas.

¡Ah!, y nunca deje de agradecer una invitación, sea a través de un telegrama, un *e-mail*, o un simple y breve telefonema.

54
SALGA DE CASA

El refrán que dice que "a quien no se le ve no se le recuerda" continúa vigente. Usted necesita circular, aparecer, ser visto para recordarle a los otros que continúa en el área, "vivo".

Asista constantemente a las reuniones de su sindicato, a las del club o de las asociaciones a las que pertenezca, a las del condominio, a los cocteles de lanzamiento de libros o autos, a teatros, cines, ferias, inauguraciones, galerías de arte, centros comerciales, etcétera.

No es raro que durante conversaciones informales surjan buenas oportunidades. Aproveche estas ocasiones para distribuir su tarjeta de presentación y hacerse ver.

Procure frecuentar buenos lugares, pues tenemos una tendencia a hacer asociaciones (si bien no siempre acertadas). Así funciona la psicología humana. Si usted ve a alguien hospedado en un hotel cinco estrellas, imagina que se trata de una persona cinco estrellas. Si usted encuentra a un sujeto comiendo en un restaurante fino, va a considerarlo persona fina. En fin, hágase socio del mejor club de su ciudad y frecuéntelo.

Por eso, para merecer la distinción de persona fina, de buen gusto, vaya a los mejores lugares, incluso cuando esto cueste más dinero. Después de todo, es así que usted quiere ser visto.

55
PAGUE LA CUENTA A TERCEROS EN RESTAURANTES

Una excelente oportunidad para agradecer a alguien que lo ayudó en alguna ocasión puede estar en el gesto de pagarle la cuenta en un restaurante en el que hayan coincidido. La persona va a sentirse distinguida por su atención.

Si usted está pretendiendo algo en relación con alguien, como por ejemplo vender un objeto caro o conseguir una recomendación, tampoco es mala idea pagar la cuenta de la comida o la cena. Éste es un modo directo de demostrar que usted está contando con el apoyo de esa persona.

56
PARTICIPE EN CONCURSOS

Muy frecuentemente aparecen concursos para portadas de directorios telefónicos, nombres de productos, *slogans*, piezas publicitarias, de redacción, monografías y varios otros.

¡Participe! Espante la pereza y manos a la obra. Usted no tiene nada que perder y sí mucho que ganar.

En segundo lugar: si lo logra —y eso sólo puede ocurrir si usted efectivamente participa— usted aparecerá en los medios de comunicación nacionales —¡gratis!— y valorará tremendamente su currículum.

57
HAGA COSAS INUSITADAS

De vez en cuando haga cosas inusitadas, inesperadas. Visite a alguien a quien no ve en mucho tiempo. Inscríbase a un curso exótico. Tome parte en una competencia deportiva. Invite a algunos amigos a un día de campo. Escriba un libro. Acampe en un lugar paradisíaco. Participe en un rally.

Si frecuenta ambientes inusuales, usted conocerá personas de otras áreas. Descubrirá un nuevo universo y se abrirán novedosas puertas en su mundo.

La rutina es el primer paso para el tedio. El tedio es el mejor camino para la desmotivación, y sin motivación —usted ya lo sabe— no se consigue nada excepcional.

Cuestionario del capítulo VI
Divulgue su "marca"

- ¿Digo siempre quién soy, qué hago y tengo siempre una tarjeta de presentación a la mano?
- ¿Suelo obsequiar cosas o traigo regalos de los lugares a donde voy?
- ¿Escribo periódicamente para revistas y diarios?
- ¿Divulgo siempre mis viajes, participaciones en cursos y realizaciones profesionales, deportivas o académicas?
- ¿Envío sin falta telegramas, tarjetas navideñas y postales?
- ¿Frecuento buenos lugares y voy al mayor número de eventos posibles?
- ¿Semanalmente envío preguntas para programas de entrevistas en la televisión?
- ¿De vez en cuando hago cosas inusitadas?

Capítulo VII
Valore sus aptitudes

Es hora de recoger los frutos de todo este trabajo con respecto a su imagen. Sin embargo, no se confíe en la suerte. Qué bueno que su "marca" esté llena de virtudes. Qué bueno que su "marca" tenga buena difusión. Pero en *marketing*, muchas veces los productos más vendidos o los servicios más solicitados no son siempre los mejores. Lo que ocurre es que éstos aprovechan mejor las oportunidades que el mercado ofrece. Por eso, crea en las oportunidades.

Lo que llaman suerte en la vida, en realidad tiene otra connotación para quienes alcanzan el éxito. Estas personas estaban preparadas para las oportunidades. Listas en la hora y en el lugar correctos en donde pasa el tranvía con destino a la consagración. Y éste siempre llega. El problema es que la mayoría de las personas no está lista para abordar. ¿Será que eso es mala suerte?

Póngase listo. Tal vez el tranvía no pase una segunda vez. Y, por favor, no atribuya su éxito a la suerte, pero sí —y sin falsa modestia— a sus cualidades.

Considere, a continuación, algunos consejos para valorar sus aptitudes en el mercado, claves que le ayudarán a aprovechar las mejores oportunidades.

58
PULA EL DIAMANTE

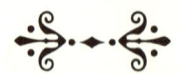

A pesar de nuestro potencial innato, de nuestra capacidad de brillar, necesitamos pasar, a lo largo de la vida, por un proceso de pulimento para ganar valor. Todos nosotros somos un diamante en bruto, sin embargo, a veces no lo sabemos. Ese diamante está escondido. No fue trabajado. No fue explorado. No ha tenido la oportunidad de demostrar que existe.

El ritmo frenético del día a día en busca de resultados inmediatos no nos permite cuidar nuestro "diamante". Estamos tan ansiosos por conquistar bienes materiales que nos olvidamos de conquistar nuestro propio interior. Vemos directamente el saldo de nuestra cuenta bancaria y raramente el saldo de las pequeñas conquistas diarias.

Pulir el diamante oculto que cargamos dentro de nosotros mismos es una responsabilidad que no podemos delegar. Es una tarea personal e intransferible. Corresponde a usted mismo hacer brillar su diamante.

59
USTED ES UN VENCEDOR

Usted está ahora leyendo este libro porque venció su primer gran batalla. Todo empezó hace muchos años, cuando un espermatozoide consiguió vencer a miles de otros y fue el único que fecundó un óvulo. *Usted es resultado de esa victoria.* Pero ésa fue apenas su primer batalla. Usted ya debe haber librado otras y aún librará muchas más.

Sin embargo, con frecuencia olvidamos que nacimos vencedores. Olvidamos que tenemos que luchar para alcanzar nuestros objetivos. Enfrentar las adversidades es un componente de la vida.

60
SU VALOR ES ÚNICO

No importa que muchas otras personas hagan exactamente lo mismo que usted. Las tareas que llevan su "marca" sólo usted las puede hacer. Por eso, su valor es único. Nadie puede hacer un trabajo en su nombre. Después de todo, su "marca" es sinónimo de "firma".

Usted puede encontrar muchos cuadros famosos en el mercado, pero sólo uno es un legítimo Picasso. Su valor es único y quien quiera tener el privilegio de tenerlo en casa pagará por esa exclusividad, por más alto que sea su valor.

61
NO TRABAJE GRATIS

"No me pidas gratis lo que es mi forma de ganar el pan."
Raúl Candeloro

Realizar una buena acción es una cosa. Trabajar gratis es otra muy diferente.

Sólo usted sabe cuánto costó todo el entrenamiento para desarrollar su potencial. Eso tiene un enorme valor. Usted no puede simplemente dar gratis lo que le costó mucho aprender y le tomó años de estudio.

No ejerza su actividad gratuitamente. Ésta debe ser remunerada. Y muy bien remunerada. Además, nadie valora un trabajo hecho gratuitamente.

"Muy bien", usted dirá. "Pero ¿un trabajo para mi padre, mi hermano, un gran amigo?" Bueno, entonces sea gentil. Diga que lo hará como una cortesía, porque usted tiene un precio que no puede ser negociado y, debido a su vínculo con la persona, usted no cobrará nada (en esta ocasión).

62
LO BARATO ES COMÚN

Si usted es un profesional altamente calificado, debe ser remunerado a la altura. Cuidado para no caer en la fosa común de los precios bajos. A veces, la paga que le ofrecen es tan baja que no vale la pena realizar el trabajo.

Para estar bien hecho y servir como propaganda suya, un trabajo cuesta mucho y por eso debe ser remunerado adecuadamente.

Los productos y servicios de calidad no son y no deben ser baratos. Cuestan exactamente lo que valen. Y usted vale mucho, pues su trabajo está bien hecho y es resultado de un vasto bagaje.

Además de todo, como su marca ya es una "firma" en el mercado, las personas estarán dispuestas a pagar más con tal de tenerla.

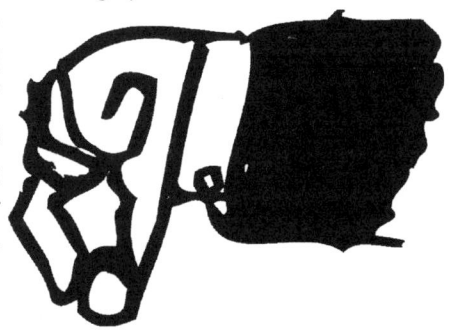

63
HAGA LAS COSAS LO MEJOR POSIBLE

"Realiza cada acción como si fuera la última de tu vida."
Marco Aurelio Antonino

Cobrando bien o haciéndolo gratis, dé el máximo de sí mismo en cualquier trabajo. Finalmente, su marca es la que va a quedar registrada en la tarea que ejecute. Ésa será su propaganda durante mucho tiempo.

Por eso, realice las cosas, por lo menos, de la mejor forma posible. Nunca dé margen a que se comente su trabajo de forma negativa.

Así se trate de una tarea pequeña, un trabajo hecho como un favor, esmérese. Un buen profesional no necesita escoger sus mejores trabajos para armar su portafolio, pues haciéndolos siempre de la mejor forma posible todos merecen estar en él.

64
NO DEJE NADA A LA MITAD

> "Lo que merece hacerse, merece hacerse bien."
> *Nicholas Poussin*

No caiga en la locura de dejar cosas a la mitad. Si existe la ligera posibilidad de que usted no consiga completar una tarea, entonces no dude en rechazarla. Así sea un trabajo hecho gratuitamente, la imagen que usted dejará con un servicio incompleto será de incompetencia.

En esos casos, recurra a terceros. Recomiende a otro colega que pueda ejecutar el trabajo. Demuestre que usted es un profesional atento no dejando a sus clientes "colgados" cuando usted no pueda realizar el servicio, sino de cierta forma resolviendo el problema de quien lo buscó a través de una buena recomendación.

65
"SATISFACCIÓN GARANTIZADA O LE DEVOLVEMOS SU DINERO"

Si usted es un profesional muy talentoso en lo que hace, no hay por qué no garantizar la satisfacción de su cliente en relación con el trabajo realizado, ¿cierto?

Siendo así, usted debe asegurar la devolución del pago en caso de que su cliente no haya quedado plenamente satisfecho. Después de todo, además de estar bien calificado, usted siempre hace las cosas perfectamente desde la primera vez, ¿no es así?

Por eso, no cobre cuando el cliente no quede satisfecho con su labor. De ser posible, pida de vuelta su trabajo y agradezca la oportunidad.

Puede suceder que en un futuro, al contactar otro profesional, ese cliente valore la calidad que usted estaba ofreciendo y regrese a buscarlo. Si eso llegara a suceder, trate al interesado naturalmente, sin resentimientos tontos e inútiles.

66
IMPRESIONE INMEDIATAMENTE

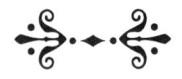

Ni crea que no es importante impresionar a quien quiera que sea en un primer contacto. Es muy probable que usted no tenga una segunda oportunidad para revertir una mala impresión.

Muchas veces un simple trato con una persona que usted juzgó mal podría redituar en grandes negocios o abrir puertas importantes. No prejuzgue a sus interlocutores ni las oportunidades que éstos ofrecen. Esfuércese al máximo para causar una buena impresión inmediatamente.

Usted sólo tiene una única oportunidad para causar una primera buena impresión. Pues, entonces, aproveche bien cada ocasión que aparezca en su camino.

67
NO PIERDA LA HUMILDAD

Por más calificado que usted esté en cualquier área del conocimiento humano, eso no le confiere poder para subestimar a las personas. Recuerde: plantando prepotencia y arrogancia sólo cosechará antipatías innecesarias.

No abuse de su fama en su área para dar la impresión de engreído y menospreciar compromisos, trabajos menos significativos o cosas por el estilo. Nuevamente: recuerde las 4 haches del profesional de éxito:

Humor, Honestidad, Habilidad y Humildad.

68
CUANDO SE EQUIVOQUE, ADMÍTALO

> "El único hombre que no se equivoca es aquél que nunca hace nada".
> *Franklin Roosevelt*

Errar es de humanos. Sin embargo, sea valiente para admitir que erró. Después de todo, equivocarse también es una forma de aprender.

Cierta vez, en IBM, un presidente recién nombrado tomó una decisión que ocasionó un perjuicio de 10 millones de dólares a la empresa. En la primera reunión del consejo de administración, se pidió su cabeza. Atento a la situación, el presidente del consejo argumentó: "Ahora que la empresa gastó 10 millones en entrenarlo, ¿quieren ustedes despedirlo?"

Eso sí, no cometa la tontería de equivocarse dos veces. Una segunda vez no la van a perdonar.

69
APRENDA DE LOS ERRORES PROPIOS Y AJENOS

Alguna vez, cuando le preguntaron a Thomas Alva Edison qué fue lo que sintió cuando fracasó 999 veces antes de ver su foco encendido en octubre de 1879, él respondió: "No fracasé en ningún momento. ¡Simplemente descubrí 999 formas en las que un foco no enciende!"

Como Edison, no vea sus errores como fracasos. Mejor tómelos como una lección valiosa de lo que no funciona.

Usted tampoco necesita seguir procedimientos que otros ya demostraron no llevan a ningún lugar. No cuesta nada analizar el camino recorrido por empresas o personas que hicieron algo igual o parecido a lo que usted planea hacer.

Así, usted economiza un bien muy escaso y precioso: tiempo.

70
CUANDO SEÑALE UN PROBLEMA, TRAIGA JUNTO LA SOLUCIÓN

Nada hay más fácil que señalar los problemas. El mérito no reside en traer a la luz un problema que otros no vieron antes. El gran mérito está justamente en presentar una solución para ese problema.

Si usted fue tan listo como para detectar el problema, debe serlo también para sugerir el posible remedio.

De esta forma, al toparse con un obstáculo, analice todas las opciones de solución antes de hacerlo del conocimiento popular. Si usted reacciona así, conquistará la admiración de las personas por hacer lo que raramente la gente hace: ayudar en vez de criticar.

71
NO DÉ RESPUESTAS EVASIVAS

Qué cosa más irritante es esa de salir con respuestas evasivas a preguntas capciosas, difíciles o complicadas. Sea directo y objetivo. O usted sabe sobre determinado asunto o no sabe. O quiere hablar del tema o no quiere. Pero entonces no subestime a la gente. Es casi una ofensa a la inteligencia de su interlocutor.

Si usted es sincero, tendrá una segunda oportunidad y no afectará su credibilidad. Si, por el contrario, intenta "marear" a su interlocutor, usted está admitiendo que no tiene la respuesta correcta y su credibilidad quedará en entredicho.

72
NO DÉ OPINIONES IMPROVISADAS

Cuidado si le piden su opinión. Como usted ya tiene una buena imagen, muchas personas buscarán su opinión sobre los más variados temas.

Hable solamente sobre lo que usted conoce bien. No entre en terrenos pantanosos. Resulta mucho más elegante señalar a alguien que quizá pueda dar la opinión deseada que hacerlo usted mismo por intuición.

Además, personas mal intencionadas podrían utilizar su propia opinión para denigrar su imagen.

73
EVITE DAR RESPUESTAS INMEDIATAS

> *"La paciencia es amarga,
> pero su fruto es dulce."*
> *Jean-Jaques Rousseau*

Como usted ya es conocido, muchas personas lo llamarán por teléfono para hacerle propuestas de trabajo o de negocios. Así sean tentadoras, no responda inmediatamente. Pida un tiempo para pensar y analizar el asunto.

Dé la impresión de que usted tiene otras ofertas y que no está desesperado por el ofrecimiento, por más atrayente que sea.

Muchas propuestas, en un análisis superficial, pueden parecer inmejorables. Sin embargo, cuando se les observa con más cuidado y profundidad, muestran su verdadera faceta. Por eso, cuidado. Pida siempre tiempo para pensar antes de comprometerse.

74
ELOGIE A SUS COMPETIDORES

La competencia, cuando se practica dentro de la ética y la lealtad, es benéfica para todos. Cualquier segmento sale fortalecido cuando sus participantes valoran el trabajo y se desempeñan de forma profesional.

No cultive el pésimo hábito de los malos profesionistas que procuran valorar sus hechos a través de la depreciación del trabajo de otros. Nunca desmerezca a los competidores. Lo mejor que usted puede hacer con respecto a su competencia es respetarla y hablar lo menos posible de ella. Haga de cuenta que simplemente no existe. Cuide su vida y su trabajo.

Si, eventualmente, solicitaran su opinión sobre sus competidores, exprésela de la manera más objetiva posible. No vierta su opinión personal en sus comentarios por la simple razón de que, algún día, usted puede estar trabajando precisamente para su competidor, lo cual —por cierto— es bastante común en el mercado.

75
USTED ES UNA PERSONA OCUPADA

Independientemente de su agenda, no acepte invitaciones para el mismo día. Si alguna persona quiere tener una reunión con usted, por lo menos prográmela con dos días de anticipación. Si alguien sólo quiere sostener una conversación informal, dígale que en el momento usted no puede, pero que más tarde, en la noche o en el fin de semana, lo recibirá.

Después de todo, usted es una persona muy solicitada y su agenda está siempre llena de compromisos. Sin embargo, si se lo piden insistentemente, si fuera algo urgente, abra una excepción. Atiéndala lo antes posible.

Cuestionario del capítulo VII
Valore sus aptitudes

- Nací vencedor: sólo necesito pulir el diamante.
- No trabajo gratuitamente: mi valor es único.
- ¿Cobro caro o no cobro nada?
- ¿Procuro impresionar en el primer contacto?
- ¿Hago todo de la mejor manera posible y nunca dejo nada a la mitad?
- ¿Tengo la humildad de reconocer mis errores?
- ¿Al señalar un problema, propongo siempre una solución?
- No soy evasivo: o sé o no sé.
- ¿En mis trabajos, garantizo "la satisfacción del cliente o el dinero de vuelta"?
- ¿Nunca doy una opinión improvisada o respuestas que no haya sopesado antes?
- ¿Hablo siempre bien de mis competidores?
- ¿No acepto invitaciones para el mismo día?

Capítulo VIII
Planeando el éxito

"Toda gran caminata comienza con un primer paso."
Confucio

El éxito no va a caerle del cielo. Ni siquiera si usted trabaja las 24 horas del día. Por cierto, trabajar de sol a sol nunca fue garantía de triunfo.

El éxito es una búsqueda constante. Es estar en el camino correcto. Es una suma de pequeñas victorias diarias. No lo encare como un destino, sino como un viaje en sí mismo. Si bien es verdad que no existe una fórmula para triunfar en en la vida, no es menos cierto que alguna planeación nos puede auxiliar bastante en esta empresa.

Sueñe. Sueñe alto. Ahora, transforme su sueño en objetivos. Después divida sus objetivos en metas. Finalmente, tome esas metas y transfórmelas en pequeñas acciones diarias. ¡Listo! Basta incrementar aquella pizca de levadura para que el pastel suba: *determinación.*

El simple hecho de tener un objetivo, una meta, un camino y la determinación para seguir adelante es ya una prueba de éxito. De esta forma usted acaba de conquistar su primera victoria: la de creer en su sueño de vida y trabajar decididamente por él.

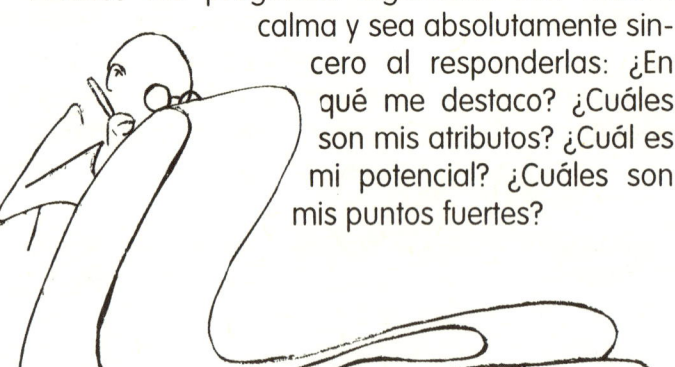

76
HAGA UNA LISTA DE SUS PUNTOS FUERTES

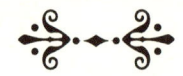

Es fundamental que usted conozca bien sus puntos fuertes. Es su responsabilidad maximizar esas cualidades, utilizarlas en su beneficio y buscar una empresa en la que éstas sean fundamentales. O sea, si alguien está necesitando de un profesional que sea experto en finanzas y que le guste trabajar solo, en un cubículo cerrado, y usted es exactamente ese sujeto, entonces, mi amigo, usted ya está contratado.

Analice las preguntas siguientes con mucha calma y sea absolutamente sincero al responderlas: ¿En qué me destaco? ¿Cuáles son mis atributos? ¿Cuál es mi potencial? ¿Cuáles son mis puntos fuertes?

77
CAPITALICE SUS PUNTOS FUERTES

Ahora que usted ya conoce sus puntos fuertes, falta capitalizarlos, o sea, sacar el máximo provecho de las características que lo vuelven mejor para determinadas funciones o tareas.

Por ejemplo, si usted es del tipo simpático, extrovertido, de buena conversación, resulta ideal para lidiar con las personas. Puede trabajar tanto en el área de ventas como ser publirelacionista de una empresa. Sin embargo, si usted es de los que disfruta trabajando solo, es metódico, calculador e introvertido, resulta ideal para desempeñarse en las área contable, financiera y afines.

78
HAGA UNA LISTA DE SUS PUNTOS DÉBILES

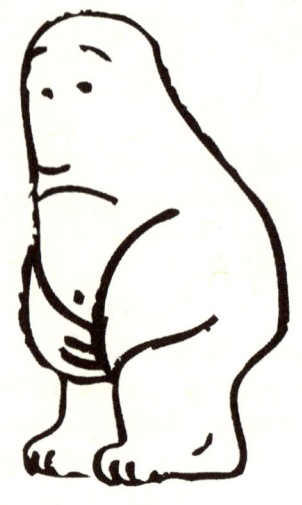

Tan importante como conocer sus puntos fuertes es conocer —y bien— sus puntos débiles. Apenas uno, y no más que un punto débil, es capaz de obstruir su camino de forma infranqueable. Coloque en papel las actividades que no le gusta hacer, tales como: lidiar con personas, hacer números, viajar, trabajar en lugares cerrados, etcétera.

Sea lo más sincero posible y anote todos sus puntos débiles. Y para tener la seguridad de que esa lista está completa, converse con sus amigos y pídales su opinión al respecto.

Leonardo da Vinci ya lo dijo tiempo atrás: "No pierdas tiempo en las áreas en las que no tienes habilidad".

79
ANULE SUS PUNTOS DÉBILES

Algunos de sus puntos débiles pueden revertirse en beneficio de ciertas actividades. Si usted es del tipo bohemio, que disfruta dormir hasta tarde y no consigue despertar temprano de modo alguno, abra una discoteca o trabaje en empresas 24 horas.

Otro modo de anular sus puntos débiles, o por lo menos algunos de ellos, es trabajar en tareas en que esos puntos no son impedimentos. Así, si a usted no le gusta trabajar con personas, escoja una actividad en la que trabaje solo. Si no le gusta lidiar con números, estudie medicina. Si no le gusta estar siempre en un mismo lugar, escoja la aviación.

Siempre es posible anular un punto débil. Usted sólo necesita conocerlo.

80
ESTABLEZCA OBJETIVOS CLAROS EN SU VIDA

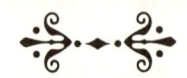

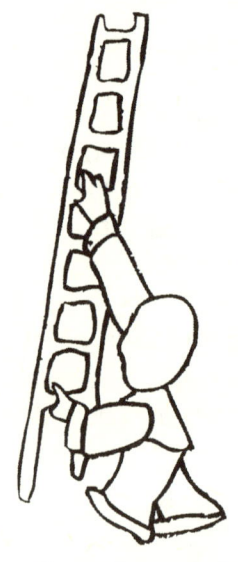

Antes de cualquier acción, usted necesita saber a dónde quiere llegar. De lo contrario, "cualquier camino será un buen camino", como dice el refrán chino. Primero, no establezca objetivos financieros, como ganar un millón de dólares en cinco años. Establezca un rumbo, un norte, una dirección a seguir. Defina dónde quiere estar de aquí a diez años, profesionalmente, en el deporte, en las artes, en los estudios: algo como llegar a determinada posición en la empresa, volverse un renombrado profesional en tal área, vencer una maratón en Nueva York o escribir un *best-seller*.

Y no me venga con la vieja excusa de que en México no se puede planear. Sí se puede. El detalle es que usted necesita hacer correcciones de rumbo durante su larga caminata.

A pesar de que el destino del Apolo XI, durante su vuelta a la Luna, era la Tierra, su comandante Neil Armstrong tuvo que hacer 10 mil correcciones de ruta para alcanzar su objetivo.

Haga cuantas correcciones de rumbo sean necesarias, pero nunca pierda de vista su objetivo.

81
DEFINA METAS

Ahora que usted ya trazó sus objetivos de vida, comience a establecer las metas que, a largo plazo, le permitirán alcanzarlos.

Nunca olvide que cada meta conseguida es una victoria en su larga caminata. Podemos decir entonces que, al alcanzar metas convenidas, usted ya es una persona de triunfo. De hecho, lo importante no es el destino. El viaje en sí también debe estar bien planeado.

Si usted trazó como objetivo profesional ser piloto de línea aérea, su primer meta debe ser conseguir la licencia de piloto privado. De esta forma, su prioridad no es llegar a la cima de la montaña (piloto de línea aérea), sino alcanzar una meta (licencia de piloto privado).

82
SEA RIGUROSAMENTE DETERMINADO Y HAGA TODO LO QUE SEA NECESARIO

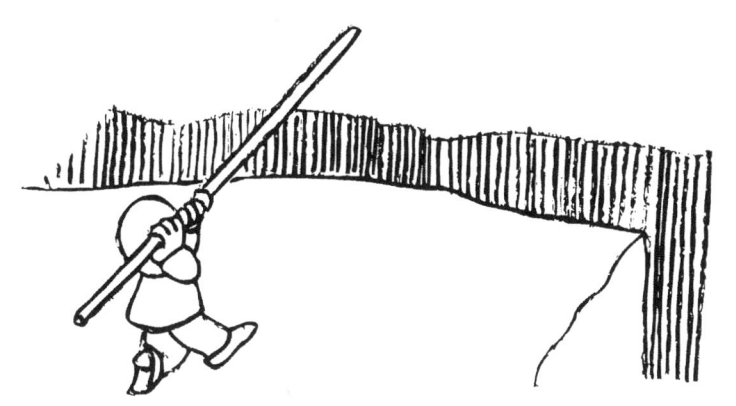

¡Muchos sueños, innumerables ideas y ninguna acción! Como dice Amyr Klink: "La peor derrota es no arrancar."

A diferencia de las acostumbradas opiniones pesimistas sobre sus sueños e ideas, tenga fe en su objetivo de vida y trabaje vigorosamente por él. Si se desanima en el camino, recuerde el refrán que dice:

"Lo hice porque no sabía que era imposible." Probablemente si Santos Dumont hubiera preguntado a las personas lo que opinaban sobre su idea de construir un artefacto que transportara a una persona de un lugar a otro —por aire—, él, finalmente, no lo hubiera logrado.

En enero de 1998, cuando les participamos a nuestros socios de la Palm/Internet que estábamos dejando la empresa para dedicarnos a la aviación, uno de ellos nos garantizó que con 34 años jamás conseguiríamos un empleo en el área. En diciembre de aquel mismo año ya éramos empleados en Interbrasil, con exactos 35 años, edad límite para entrar en la aviación. Como no conocíamos ese pequeño detalle, nunca nos preocupó decidirnos por la aviación comercial a los 34.

No escatime esfuerzos para alcanzar cada meta trazada. Y cuidado con la tentación de cortar camino. Tal vez usted pase por alto detalles que le serán útiles durante su larga caminata rumbo al éxito. Su preocupación debe estar siempre con la calidad de su caminata y no con la velocidad.

83
NO NADE CONTRA CORRIENTE

No hay nada más triste que entrar de cabeza a un barco a punto de naufragar. Existe una enorme diferencia entre luchar de forma determinada por una idea y persistir en una causa abiertamente perdida.

Usted debe ser eficaz además de eficiente. De nada sirve hacer sumamente bien una cosa equivocada. ¿Será que construir la mejor y más eficiente fábrica de máquinas de escribir del mundo resultará garantía de éxito en la actualidad?

Observe las tendencias del mercado. Analice las áreas en crecimiento y las que están a la baja. Y atención para los regionalismos: muchas cosas que son aciertos en determinada localidad no prosperan en otra. No siempre las carreras más solicitadas en la universidad son las que tienen más oportunidades de éxito.

84
ESTABLEZCA UN CRONOGRAMA DE ACCIONES

Estipule plazos para cada una de las metas que usted se ha trazado. Sin embargo, no los constriña, de manera que comprometa la calidad de su labor. Piense a largo plazo; cosa de años.

Y, si no consigue cumplir alguna meta dentro del plazo estipulado, no entre en pánico. Tan sólo organice de nuevo su cronograma.

Ejemplo:

Año	Metas	Acciones
2003	_____	_____
2004	_____	_____
2005	_____	_____

85
"LO MEJOR ES EL PEOR ENEMIGO DE LO BUENO"

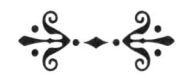

Cuidado con la manía latina de dejar de hacer algo que sea simplemente bien hecho por la expectativa de realizar solamente algo que sea lo mejor. Usted debe conocer el tan anunciado Golf Tercera Generación, ¿cierto? Es más bonito, más económico y más rápido que el primer Golf, lanzado en 1981, ¿cierto? Sí, pero aquel primer Golf no era malo. Hoy en día fue simplemente mejorado.

El refrán anterior debe alertarlo: usted no hará cosa alguna en su vida, así sea buena, si espera hacer tan sólo cosas fantásticas. De hecho, hacer alguna cosa ya es más que medio camino andado para ser el mejor en su área, pues muchos ni siquiera consiguen lograr eso.

Ser el mejor resulta, muchas veces, una utopía. Y quien planta utopías cosecha frustraciones. Conténtese con hacer una tarea bien hecha. Con el tiempo, usted podrá mejorar su obra. Estamos de acuerdo en que usted debe exigir lo máximo de sí mismo, pero comience haciendo el mínimo, por lo menos.

Cuestionario del capítulo VIII
Planeando el éxito

- ¿Conozco mis puntos fuertes y los estoy capitalizando?
- ¿Conozco mis puntos débiles y los estoy eliminando?
- ¿Tengo objetivos de vida claros y metas trazadas?
- ¿Soy determinado y estoy haciendo lo que es necesario?
- ¿Tengo un cronograma de acciones?
- ¿No estoy entrando en un área que se está reduciendo?
- ¿Busco el máximo, pero hago —por lo menos— el mínimo?

Capítulo IX
Administrando el éxito

"La peor cosa del éxito es que uno tiene que continuar siendo un éxito"

Irving Berlin

¡Felicidades! Usted acaba de llegar al selecto reino de los victoriosos. Al escalafón más alto del podio. Usted se dará cuenta de que las personas lo tratarán de forma distinguida. Una persona de éxito es fácilmente reconocible. Nunca por la ostentación, sí por lo que existe de más noble en ese grupo: la humildad con que encara el triunfo.

Sin embargo, no piense que se acabaron las preocupaciones con respecto a su imagen personal. Ahora, más que nunca, usted es una persona visible. Muchas personas, ante su éxito, lo admiran y lo observan. Otras, desafortunadamente, lo envidian. Muchas intentarán aprender de usted y desearán seguir su ejemplo de vida. Otras, al contrario, buscarán sus fallas, errores, omisiones o cualquier dato que puedan utilizar en su contra.

Por eso, tan difícil como llegar a este paraíso será mantener su imagen incólume. Algunos consejos lo pueden orientar para lidiar con el triunfo. Tenga siempre en mente que el éxito va a molestarle a mucha gente. Usted necesitará de una buena dosis de percepción para reconocer a los verdaderos amigos de entre aquellos que quieren su cabeza, mientras le muestran falsamente un bello rostro angelical.

86
CUIDADO CON LA SUPEREXPOSICIÓN

Ahora llegó la hora de abrazar una política un poco diferente de aquella adoptada para divulgar su "marca".

Como usted ya tiene una buena imagen formada y goza de un buen concepto en el mercado, debe comenzar a figurar cada vez menos en los medios de comunicación. De esta manera usted crea una expectativa sobre sus próximas apariciones.

También está el problema de la masificación de una marca. Si ésta se torna muy popular, la primera cosa que sucederá es la caída de su precio. Por eso, lo que usted menos necesita es volverse popular.

No olvide que su "marca" está asociada con calidad. Servicio de primera línea. Estándar internacional.

167

87
NO SE EXPONGA GRATUITAMENTE

Mucho cuidado con las invitaciones a reuniones, eventos, entrevistas o inclusive con las exhortaciones para hablar en público sin estar debidamente preparado o completamente al corriente del asunto. En una simple e ingenua exposición, usted puede dar una impresión negativa.

Incluso en reuniones fuera del lugar de trabajo, tenga en mente que las personas creen en lo que usted dice. Por eso sea cauteloso para no comprometerse gratuitamente. A veces puede tener al lado a alguna persona de los medios de comunicación que, en medio de una charla, puede acabar publicando un comentario suyo que de ninguna manera usted hubiera hecho en público.

En Brasil hubo un sonado caso del eficiente funcionario público que perdió el cargo porque le hizo al entrevistador comentarios comprometedores fuera del aire durante los comerciales, que acabaron transmitiéndose al público de televisión que recibía la señal sin cortes comerciales.

88
DISMINUYA SU DIVULGACIÓN

Su "marca" ya está muy bien divulgada, ¡felicidades! Usted ya es incluso una figura pública.

Es el momento de comenzar a racionalizar su difusión, volviéndola inusual y escasa. Tan sólo mantenga una leve propaganda; lo que llamamos un sostenimiento de imagen. Al menos, usted necesita recordarle al mundo que continúa vivo.

89
NO DERROCHE

"Quien compra lo que no requiere, venderá lo que necesita."
Proverbio árabe

Nadie mejor que usted sabe qué tan difícil es ganar el dinero. No gaste fácilmente lo que ganó con extrema dificultad. No salga por ahí comprando todo lo que se le cruza en el camino.

Además de ganarse el apodo nada cariñoso de "nuevo rico", usted no estará dando un buen ejemplo. Independientemente del mérito de sus conquistas financieras, usted debe valorar también lo que sudó y batalló para ahorrar.

El famoso Ronaldinho, cuando viajó a Foz do Iguaçu para jugar con la selección brasileña en julio de 1999, acabó comprando unos "recuerditos" en una tienda en Ciudad del Este, Paraguay. Hasta ahí, nada de llamar la atención. El problema surgió cuando una reportera de la Red Globo descubrió —a través de la vendedora— el valor que el futbolista pagó por los "recuerditos". A quien terminó por no gustarle nada el asunto fue a los de Hacienda, quienes amenazaron, en la época, con investigar el "caso".

Está bien: si usted quiere quemarse el dinero, adelante. Pero asegúrese de que nadie se entere.

90
"LO QUE HACE LA MANO IZQUIERDA, QUE NO LO SEPA LA DERECHA"

Es muy probable que usted se vuelva una persona caritativa. Después de todo, usted sufrió mucho para conquistar una posición confortable y destacada dentro de la sociedad. Ya sabe qué tan importante es ayudar a conocidos y amigos que están comenzando sus caminatas. No lo olvide: ayude a quien quiera, pero nunca divulgue sus donativos y contribuciones.

No caiga en la tentación de usar sus acciones samaritanas como herramienta de promoción personal. El resultado es exactamente opuesto a lo esperado.

91
NO CAMBIE RADICALMENTE DE HÁBITOS

Resulta aceptable que, estando en una situación financiera confortable, usted acabe por cambiar sus hábitos de vida y de consumo. Con seguridad va a comprar productos de mejor calidad y frecuentar ambientes más sofisticados. De cualquier forma, no necesita dar un giro de 180 grados.

Si bien ahora disfruta de la buena comida en un restaurante fino, no le causará mal alguno tomar una cerveza y comer antojitos en la fonda de la esquina —la misma que frecuentaba años atrás, cuando todavía no era conocido.

92
NO ABANDONE SUS ORÍGENES

Es muy triste cuando las personas que se vuelven famosas se olvidan por completo del medio en que vivían cuando eran simples mortales desconocidos. No deje de volver a su ciudad natal, de visitar amigos de infancia e ir a lugares que frecuentaba.

Regresar a los orígenes es una demostración indudable de que usted, a pesar del éxito, continúa siendo una persona sencilla.

93
NO SE OLVIDE DE QUIENES LE TENDIERON LA MANO

Difícilmente usted subió los peldaños de la escalera que conduce al éxito sin algunas "manitas" oportunas. No sólo fue algo natural, sino que resultó indispensable contar con apoyo en los momentos cruciales.

Sin embargo, cuando usted ya no necesite más de estas manos, no las ignore. Reconozca siempre, de preferencia en público, a quienes lo ayudaron.

Hágalo cuando esas mismas manos estén todavía vivas, pues el reconocimiento será su mayor recompensa.

94
IGNORE A LOS ENVIDIOSOS

Muchas personas se molestarán con su "inesperado" éxito. Procurarán de cualquier forma disminuir sus triunfos y conquistas. Intentarán difamarlo, inventarán historias sobre su pasado.

Esta es una prueba de templanza. Mantenga la clase. No se ponga al nivel.

Pronúnciese solamente sobre declaraciones que no tengan un fondo de verdad. No caiga en la tentación de andar en dimes y diretes improductivos, en los cuales usted tiene mucho que perder. Cuide su imagen.

95
CONTAGIE A TODOS CON SU EJEMPLO DE DEDICACIÓN

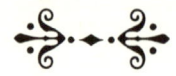

Nuestra sociedad necesita héroes. Necesita ídolos. Necesita modelos a seguir. Necesita ejemplos.

No le costará absolutamente nada dar su importante contribución a la sociedad, sobre todo a los estudiantes, sirviéndoles como ejemplo vivo de que vale la pena tener una conducta intachable, correcta, honesta y dedicada. Muestre que vale la pena despertarse temprano todos los días. Muestre que únicamente con trabajo y seriedad se llega al éxito.

Siempre que pueda, en cualquier lugar, procure contagiar a las personas con su propio ejemplo de vida. Cuénteles sobre su difícil caminata. Muéstreles cuánto sudó y batalló. Convénzalas de que sólo existe un camino para triunfar: mucho trabajo y mucha determinación.

Cuestionario del capítulo IX
Administrando el éxito

- ¿Estoy dosificando mis apariciones en los medios de comunicación?
- ¿Sólo acepto invitaciones sabiendo con antecedencia la pauta de la reunión?
- ¿No divulgo mis donativos?
- ¿No despilfarro?
- ¿Nunca olvido mi origen sencillo y humilde?
- ¿Recuerdo siempre a quienes me tendieron la mano?
- ¿No abandoné mis antiguos hábitos?
- ¿No me preocupan los que envidian mi éxito?
- Siempre que puedo, ¿doy mi ejemplo de triunfo, e incentivo a los jóvenes?

Capítulo X
Actitudes que usted debe evitar

Mucho cuidado con las actitudes y posiciones que tome en sus relaciones sociales y profesionales. Con frecuencia, por más bien intencionado que usted sea, todo puede perderse por una simple frase o un gesto ingenuo. Haga de cuenta que usted siempre está pisando terreno resbaladizo. Cada gesto, cada palabra, cada comentario y cada opinión deben ser medidos. Las personas son emotivas y pueden no entender lo que usted hizo o quiso decir. Esto le puede costar una mancha en su imagen que estará obligado a cargar por siempre.

Si, a pesar de esto, está dispuesto a tomar partido en un asunto polémico, recuerde que usted es libre para expresar su opinión, sin embargo, debe asumir las consecuencias de su elección, como bien subrayaba Erick Fromm.

A continuación, considere algunas actitudes que debe evitar al máximo para no comprometer su buena imagen.

96
NUNCA ABANDONE UN TRABAJO DE BUENAS A PRIMERAS

Ahí está usted trabajando, feliz de la vida, en una buen empresa, cuando inesperadamente surge una propuesta para el trabajo de sus sueños, en la empresa de sus sueños, con un salario de envidia. Por más tentador que sea, no deje a su jefe "colgado" de buenas a primeras; tampoco a su socio, compañero o cualquier persona o empresa con la que usted tenga un vínculo. Esa gente creyó en su talento cuando usted no era conocido. No es justo —precisamente ahora que usted ya es famoso— que abandone a esa gente sin más.

"Guga" —Gustavo Kuerten, el famoso tenista brasileño— dio una gran lección de lealtad antes de embarcarse para la Olimpiada de Sidney en el año 2000. En un acto de lealtad, él estaba dispuesto a no participar en la Olimpiada para, a cambio, respetar el contrato con su patrocinador personal. Kuerten no podía aparecer en la justa mundialista con el uniforme de su patrocinador debido a que el Comité Olímpico Brasileño tenía contrato con un patrocinador distinto.

Después de muchas negociaciones entre el patrocinador del COB y el de "Guga", se llegó a un acuerdo: el uniforme de Kuerten para la Olimpiada sería neutro, sin marca alguna.

97
EVITE PEDIR FAVORES

Sólo si ya agotó todas las demás posibilidades, recurra a terceros. No se acostumbre a pedir favores pues correrá un grave riesgo: que la gente comience a rehuirle.

Lógicamente esta regla no se aplica a familiares cercanos y amigos, con los cuales usted sabe que puede contar. De cualquier manera, no deje nunca de agradecer un favor, por pequeño que haya sido. Si usted sabe pedir, también debe saber agradecer.

Y recuerde: usted está en deuda con la persona que le hizo el favor. Páguele inmediatamente llegado el momento.

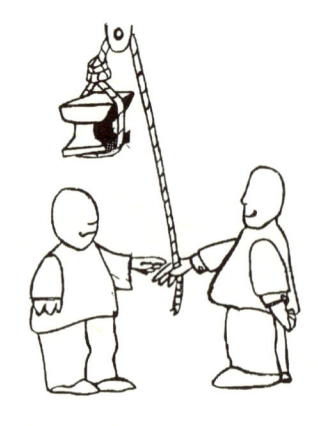

98
NO CONCEDA ENTREVISTAS SIN ESTAR PREPARADO

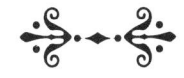

Como usted ya es una persona famosa y respetada en su área, recibirá invitaciones para entrevistas en periódicos, TV, radio e incluso para participar en programas en vivo o con auditorio. Evidentemente usted debe aceptarlas. Si las rechaza, usted podría pasar por arrogante.

Sin embargo, debe tomar algunas precauciones para no comprometer su imagen durante las conferencias. Evite ser tomado por sorpresa para conceder una entrevista. Usted debe tener acceso previo a la pauta de preguntas o al cuestionario, de manera que pueda recolectar datos e información y resulte provechoso el asunto.

Como entrenamiento, haga simulacros de entrevistas. Pídale a algún funcionario o amigo que le haga una serie de preguntas difíciles y sobre su vida privada. A los medios les encanta rascar en la intimidad de la gente famosa.

99
NO HABLE MAL DE LA VIDA AJENA

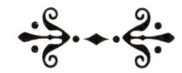

El pueblo latino —conversador por naturaleza— a veces tiene el pésimo hábito de hablar mal de la vida ajena, no tanto por maldad sino por tradición.

Deténgase a pensar por un segundo y considere la posibilidad —aunque sea remota— de que la persona con la que usted está hablando ¡sea amiga o conocida de su interlocutor!

De igual manera en las entrevistas de trabajo, nunca hable mal de su antiguo empleo o de su ex jefe. Por una cuestión de ética profesional, guardemos en el fondo de nuestro corazón los problemas profesionales del pasado.

Dé su opinión sobre determinada empresa o persona solamente cuando le sea solicitada. Incluso así, sea extremadamente objetivo, dejando de lado la emotividad y las desavenencias de orden puramente personal.

100
NO SEA TOTALMENTE SINCERO

Por favor, no vaya a pensar que le estamos pidiendo que mienta. No se trata de eso. Evite tan sólo decir exactamente todo lo que usted está pensando. Muchas veces, sin querer, usted puede dar una opinión que es exactamente opuesta a la de su jefe o de la persona que está a punto de contratar sus servicios. Mucho cuidado con temas delicados como la religión, el sexo, la raza o la política.

Evite ser extremista, de ésos que afirman: "Yo estoy totalmente en contra de... Totalmente a favor de... Yo detesto... Yo odio..."

Si le preguntan lo que usted piensa, por ejemplo, de la música norteña, así la odie, diga apenas que prefiere la música clásica. Imagine que su jefe ama la música norteña y usted viene a decirle textualmente que no la soporta.

Evite también decir cosas que pueden ser usadas en contra de su imagen. Si en su pasado alguna vez usted hizo alguna cosa equivocada, nadie necesita saberlo. Simplemente omita cierta información. Por muchos años la famosa Brooke Shields afirmó ser virgen. En realidad —como ella misma se desmintió años después— había mentido todos esos años por consejo de su *manager*, con el objetivo de preservar aquella imagen de "niña buena".

Como bien dijo alguna vez Oscar Wilde: "Un poco de sinceridad es peligrosa, pero mucha es fatal."

Cuestionario del capítulo X
Actitudes que usted debe evitar

- ¿No abandono mi trabajo de buenas a primeras?
- ¿No pido favores?
- ¿Nunca doy entrevistas sin estar preparado?
- ¿No hablo mal de la vida ajena?
- ¿No soy totalmente sincero?

Conclusión

Entonces, querido lector, hablando sinceramente después de digerir las cien claves, ¿está usted de acuerdo con nosotros en que vale la pena invertir en nuestra imagen personal? ¿Usted concuerda en que una buena imagen abre puertas? Apostamos que sí. No nos queda duda de que sólo tenemos mucho qué ganar con cada minuto y cada peso aplicados en beneficio de nuestra imagen personal. De lo contrario, veamos:

¿Invertir en nuestra imagen ayuda a aprobar un examen profesional? Sí ayuda.

¿Invertir en nuestra imagen ayuda a conseguir novio(a)? Sin duda.

¿Invertir en nuestra imagen ayuda a conseguir unas fructíferas prácticas profesionales? Claro que sí.

¿Invertir en nuestra imagen ayuda a obtener una beca en el exterior? Afirmativo.

¿Invertir en nuestra imagen ayuda a conseguir un buen empleo? Ciertamente.

¿Invertir en nuestra imagen ayuda a conseguir un patrocinador? Efectivamente.

¿Invertir en nuestra imagen ayuda a lograr una promoción en el trabajo? Con toda seguridad.

¿Invertir en nuestra imagen ayuda a abrir puertas? Así es.

¿Invertir en nuestra imagen ayuda a conseguir un inversionista para nuestras ideas? Eso mismo.

¿Invertir en nuestra imagen vuelve la vida más fácil? Exactamente. Así tenemos más fuerza para superar los obstáculos y dificultades que cualquier ser humano enfrenta en su larga jornada de vida.

Como usted puede notar, son infinitos los beneficios de aplicar tiempo y dinero en nuestra imagen. Para finalizar, nunca está de más recordar que:

Invertir en nuestra imagen es sedimentar el camino rumbo a la consagración personal y profesional.

Invertir en nuestra imagen es maximizar las oportunidades de conquistar el lugar más codiciado del mundo: el podio de la victoria, sea ésta una conquista en el ámbito escolar, profesional, deportivo o amoroso.

Nuevamente, gracias por el privilegio de su lectura. Desde el fondo del corazón, nuestros sinceros votos de éxito. Y recuerde: el triunfo no es ganar un millón de dólares, sino alcanzar una meta, vencer una etapa, llegar...

Pero, ¿llegar a dónde? Bueno, quien escoge el destino es usted. ¡Buena suerte!

Línea directa con el autor

Nos gustaría recibir sus comentarios, críticas, sugerencias. Serán bienvenidos y aprovechados para mejorar las próximas ediciones. Somos todo oídos. Por favor, entre en contacto por cualquiera de estos medios a continuación:

Sady Bordin Filho
   Av. Batel 1230 conj. 407, BTC
   80420-090- Curitiba, Paraná
   BRASIL
   Teléfono: (41) 242 5223
   Fax: (41) 342-1434
   e-mail: sady@marketingcenter.com.br

Marketing personal. 100 claves para valorar su imagen, de Sady Bordin Filho, fue impreso en octubre de 2002, en UV Print, Sur 26-A número 14 bis, 08500, México, D.F.

¡NO A LA FOTOCOPIA!

Quarzo
Libros sencillos para gente práctica

PNL para todos
Rosetta Forner

Este es un libro que captura y aplica muchas de las más importantes contribuciones de la Programación Neurolingüística (PNL), tales como usar y expandir nuestros sentidos, reconocer el poder y la magia del lenguaje, responder a intenciones positivas, añadir niveles de percepción, despertar nuestra genialidad y trabajar con nuestras creencias, ya sea cambiándolas o redefiniéndolas.

Este libro proporciona conocimientos útiles con los cuales puede alcanzar metas y afrontar retos en todos los niveles de la vida diaria, potenciar la creatividad, reforzar el aprendizaje, incrementar la salud física y mental, además mejorar en el trabajo y los negocios. Con un estilo claro y directo, su mensaje es entendible y fácil de poner en práctica.

Aprenda a potenciar su mente
Ejercicios simples para despertar y potenciar las habilidades naturales, creativas y perceptivas
J. Blaschke y P. Palao Pons

Evolucionar y acrecentar los poderes de nuestro cerebro son tareas que le competen sólo a él mismo. Se dice que la evolución de nuestro cerebro parece haber llegado a un límite, debido al tamaño del cráneo. Sin embargo, investigaciones recientes demuestran que todo su potencial no radica su talla, sino en su maravillosa calidad.

Para desarrollarlo, debemos utilizar técnicas que acrecientan sus virtudes. Actualmente se está produciendo una evolución en la mente de algunos seres humanos que les hace tener cualidades excepcionales, las cuales hace años se habrían calificado de mágicas o sobrenaturales.

Este libro ofrece las mejores técnicas para llegar a niveles profundos del cerebro que permiten ver, oir y sentir cosas que se escapan al mundo cotidiano. También lo invita a ser parte de ese selecto grupo de personas que están trabajando en el desarrollo mental.